The Fourth Cup
네 번째 잔의
비밀

The Fourth Cup
Copyright © 2018 by Scott W. Hahn
Foreword copyright © 2018 by Brant Pitre
All rights reserved.

Korean translation copyright © 2023 Catholic Publishing House
This translation published by arrangement with Image, an imprint of
Random House, a division of Penguin Random House LLC
through EYA(Eric Yang Agency)

네 번째 잔의 비밀

2023년 4월 7일 교회 인가
2023년 5월 30일 초판 1쇄 펴냄
2025년 6월 20일 초판 3쇄 펴냄

지은이 · 스콧 한
옮긴이 · 이형규
펴낸이 · 정순택
펴낸곳 · 가톨릭출판사
편집 겸 인쇄인 · 김대영
편집 · 김지현, 강서윤, 김지영, 박다솜
디자인 · 정진아, 정호진, 강해인, 이경숙
마케팅 · 임찬양, 안효진, 황희진, 노가영

본사 · 서울특별시 중구 중림로 27
등록 · 1958. 1. 16. 제2-314호
전자우편 · edit@catholicbook.kr
전화 · 1544-1886(대표 번호)
지로번호 · 3000997

ISBN 978-89-321-1859-8 03230

값 18,000원

성경 · 전례문 · 교회 문헌 © 한국천주교중앙협의회, 2023.

이 책의 한국어 출판권은 (재)천주교서울대교구 가톨릭출판사에 있습니다.
저작권법에 의해 보호를 받는 저작물이므로 무단 전재와 무단 복제를 금합니다.

가톨릭의 모든 도서와 성물, 디지털 콘텐츠를 '가톨릭북플러스'에서 만날 수 있습니다.
https://www.catholicbookplus.kr | (02)6365-1888(구입 문의)

· 최후의 만찬과 십자가의 신비를 밝히다 ·

The Fourth Cup

네 번째 잔의
비밀

스콧 한 지음 | 이형규 옮김

가톨릭출판사

추천의 말

나자렛 예수님은 신비로우셨다. 수수께끼 같은 비유로 사람들을 가르치셨고, 낯선 표징을 일으키고 기적을 행하셨으며, 아리송한 질문을 던지셨다. 대부분 유다인이었던 예수님의 제자들과 예수님께서 가르치셨던 대중들은 이를 좋아했다. 이러한 기적과 질문들이 그들을 곤란하게 했음에도 말이다.

예수님께서 보여 주신 신비는 그분의 공생활로 마무리되지 않았다. 복음서를 살펴보면 예수님은 죽는 순간까지 예측하기 어렵게 행동하셨고 놀라운 말씀을 끊임없이 건네셨다. 예수님의 수난 사화에서 나타난 가장 큰 수수께끼는 최후의 만찬 때 주님께서 맺으신 신비로운 서약vow과 관련 있다. 잡히시던 날 밤, 만찬이 끝나 갈

무렵, 예수님께서는 '하느님 나라'가 올 때까지 '포도나무 열매로 빚은 것'을 결코 마시지 않겠다고 선포하신다(마태 26,29; 마르 14,25; 루카 22,18 참조). 이 선언은 골고타 언덕에 오르시고 병사들이 그분께 포도주를 적신 해면을 들이밀 때 "다시는 마시지 않겠다." 하고 말씀하심으로써 실현된다(마태 27,34; 마르 15,23 참조). 반면에 요한 복음서를 보면 십자가 위에서 돌아가시기 직전에 예수님께서는 "목마르다."(요한 19,28) 하시며 **포도주를 달라고 청하신다.** 이윽고 고개를 숙이시며 숨을 거두시기 전에 이렇게 말씀하신다.

"다 이루어졌다."(요한 19,30)

이 수수께끼를 어떻게 풀어야 할까? 최후의 만찬 때 다시는 포도주를 마시지 않겠다고 약속하셨고, 병사들이 건넨, 포도주가 적신 해면을 거절하신 예수님께서는 왜 죽음에 이르렀을 때 그 말씀을 철회하고 포도주를 달라고 하셨을까? 최후의 만찬 때 하신 예수님 말씀과 십자가 위에서 하신 예수님 말씀과 어떻게 조화를 이룰 수 있을까? 예수님께서는 당신의 맹세를 파기하신 것일까? 아니면 다른 일이 벌어진 것일까?

우리가 생각해 봐야 할 수수께끼는 하나 더 있다. 바로 최후의 만찬과 예수님께서 십자가 위에서 돌아가신 일 사이에 벌어진 일이다. 겟세마니 동산에서 예수님께서는 당신의 죽음을 예견하고 이상한 기도를 바치신다.

"아버지, 하실 수만 있으시면 이 잔이 저를 비켜 가게 해 주십시오. 그러나 제가 원하는 대로 하지 마시고 아버지께서 원하시는 대로 하십시오."(마태 26,39)

그리고 다시 한 번 이렇게 말씀하신다.

"아버지, 이 잔이 비켜 갈 수 없는 것이라서 제가 마셔야 한다면, 아버지의 뜻이 이루어지게 하십시오."(마태 26,42)

만약 당신이 십자가에 못 박힐 예정이라면 이렇게 기도할 수 있을까? 왜 예수님께서는 당신의 죽음을 '잔을 마시는 것'에 비유하셨을까? 그분께서 말씀하신 잔은 어떤 잔을 말할까?

《네 번째 잔의 비밀》에서 스콧 한 박사는 최후의 만찬과 십자가 위에서 예수님께서 맞이했던 죽음에 관한 신비를 풀 두 가지 열쇠를 제시한다. 첫째, 유다교에 기반을 둔 예수님 말씀과 행적을 살핀다. 둘째, 개신교에서 가톨릭으로 개종한 자신의 여정을 그리며 그 실마리를 풀 단서를 제시한다. 그 결과 최후의 만찬, 예수님의 수난, 성체성사를 바라보는 관점을 영원히 바꿀 흥미진진한 여정이 추리 소설처럼 여러분 앞에 펼쳐질 것이다.

스콧 한 박사에게 네 번째 잔에 관한 강의를 처음 들었던 때를 결코 잊지 못한다. 나는 그때 완전히 넋을 잃었다. 마치 예수님의 수난 사화를 처음 읽는 것 같았기 때문이다. 여기서 내 말을 오해하지 않기를 바란다. 내 말은 왜 예수님께서 마지막 만찬 때에 다시는 포도주를 마시지 않겠다고 맹세하셨는지, 왜 성금요일에 포도주를 요구하셨는지 궁금해하면서 밤을 새워 보지는 않았다는 의미다. 지금까지 나는 왜 예수님께서 십자가에 못 박히는 것을 '잔을 마신다'고 비유하셨는지 의문을 품지 않았다. 당연하다고 여겼기 때문이다.

하지만 스콧 한 박사의 강의를 듣고 나서는 이러한 의문들이 마치 땅바닥에 갑자기 떨어진 퍼즐 조각처럼 보였다. 내가 궁금했던 부분은 이러했다. 왜 가톨릭 신자들은 성찬례를 '희생 제사'로 여길까? 예수님께서는 골고타에서 '단 한 번 완전하게' 당신 자신을 바치지 않았던가? 최후의 만찬에서 예수님이 당신의 몸과 피를 내어주신 것과 십자가 위에서 죽음을 맞이하실 때 당신의 몸과 피를 바치신 것과 무슨 연관이 있을까?

만약 여러분도 이에 대해 의문을 품는다면, 파스카와 성찬례를 더 깊이 이해하고 싶다면, 이 책을 읽어 보기를 추천한다. 또한 책의 내용을 음미하며 기도하고 묵상하길 바란다. 그리고 다른 이들과 나누기를 바란다.

스콧 한 박사가 그려 내듯이, 최후의 만찬이 있었던 방에서 시작되어 골고타 언덕에서 완결된 예수님의 파스카는 오늘날에도 여전히 우리 안에서 일어난다. 언제 어디서나 미사를 드릴 때마다, 파스카 신비는 현실이 된다. 《네 번째 잔의 비밀》은 예수님께서 하신 맹세가 지니는 수수께끼를 푼다. 또한 2층 방과 골고타 언덕 사이에서 사라진 연결고리를 이어 준다. 그리하여 최후의 만찬에서 드러나는 예수님의 희생 제사와 골고타 언덕 위 예수님의 희생 제사가 똑같이 세상의 구원과 "죄를 용서해 주려고 흘리는 피"(마태 26,28)의 희생 제사임을 명확하게 알려 줄 것이다.

브랜트 피트리

미국 Agusutine Institute 석좌 교수

머리말

　1989년 시카고의 메리타운. 이곳에서 나는 처음으로 '네 번째 잔'이라는 강의를 했다. 이 강의는 그로부터 3년 전 나를 가톨릭으로 개종하도록 이끈 몇몇 연구에 관한 것이었다. 그 당시 나는 일리노이주 졸리엣에 있는 성 프란치스코 대학의 종교학과 조교수였다. 벌이는 변변찮았고, 종신 재직권도, 출판물도 없었다. 하지만 가톨릭 신자였기에 행복했고, 세상에 이를 알리고 싶었다. 그리고 그 기회를 얻었다.

　그 수는 얼마 되지 않았지만 내 강의를 흥미롭게 듣는 이들에게 내 이야기를 들려줄 수 있어 기뻤다. 그들은 내 이야기에 열렬히 반응했고 이는 나를 더욱 기쁘게 했다. 소문이 퍼지면서 '네 번째 잔을 탐색'하는 이야기를 들려 달라고 나를 초대하는 사람들이 생겼다. 그들은 탐정 이야기처럼 각색하여 나에게 불운한 수사관으로 출연해 달라고 했다(명작 드라마 〈형사 콜롬보〉의 주인공 콜롬보 형사가 나의 롤모델이 되었다).

물론 이 사건은 내가 뱉은 수많은 말, 집필한 책 수십 권, 진행한 강의 수천 개 이전에 일어났다. '네 번째 잔'이라는 강연을 얼마나 많이 했는지, 몇 번이나 말했는지 셀 수가 없을 정도였다. 나는 이 강연을 여러 대륙에서, 예루살렘의 그 2층 방과 같은 장소에서도, 그리고 바다 한가운데서도 이야기했다.

지난 몇 년간 내가 여러 차례 '네 번째 잔'을 주제로 강연한 사실을 아는 오랜 친구와 이야기를 나누었다. 그는 '네 번째 잔'에 관한 내 강의가 매번 달랐다고 말했다. 나의 강연은 항상 같은 때(성목요일과 성금요일)를 다루었지만, 다른 사건과 다른 사료들로 그 주제에 접근했다.

1982년부터 1986년까지 내가 걸은 여정은 내 삶에서 엄청난 변화를 가져왔다. 젊은 남편이자 아버지, 초보 목사, 갓 졸업해 학자의 삶을 시작할 무렵이었다. 인생의 수많은 처음을 맞이하고 있었다. 하느님께서는 내가 사랑하는 모든 것에 혼란을 가져다주셨다. 나에게 편안함과 자신감을 주었던 모든 것을 잃어버린 듯했다. 목회, 교수 지위, 우정, 심지어 결혼 생활까지도 무너지는 듯 보였다.

어떻게 이 모든 경험을 단 한 번의 강연으로 요약할 수 있을까?

물론 불가능했다. 그렇기에 파스카를 주제로 한 강의에서 내 이야기를 꺼냈고, 시계를 계속 확인했다. 그리고 기억 속에서 가져온 이야기와 자료들로 그 시간을 채웠다.

친구는 그 이야기와 자료를 한 권의 책으로 엮어 내 모험과 탐구에서 얻은 결과에 담긴 온전한 의미를 전달하면 어떻겠냐고 제안했다. 나는 그 제안을 받아들였고 이 책이 바로 그 결과물이다.

내가 개신교 신학교에서 공부할 때, 몇몇 학생들은 옛 찬송가 부르기를 좋아했다. 그들 중 한 명은 다음 찬송가를 좋아했다.

예로부터 전한 말씀

주 예수의 크신 사랑

나 항상 전파하기에

참으로 기뻐하도다

이 찬송가를 수십 년 전에 불렀지만, 그 가사는 언제나 참되다. 30년이 지난 지금도 나는 가톨릭 신자라는 사실이 표현할 수 없을 정도로 기쁘다. 그리고 이 기쁨을 세상에 계속 알리고 싶다.[1]

목차

추천의 말 4
머리말 9

제1부 • 파스카에 얽힌 비밀을 찾아서

1장 — 무엇이 이루어졌는가?   17
2장 — 파스카와 계약   25
3장 — 예형인 희생 제사   40
4장 — 뒤바뀐 예식   55
5장 — 복음서에서 드러나는 파스카의 모습   68
6장 — 보라, 어린양이시다   82
7장 — 한처음부터 계셨던 어린양   95

제2부 • 파스카의 신비를 마주하다

1장 — 누룩 없는 빵	**109**
2장 — 포도주 잔	**122**
3장 — 때	**135**
4장 — 성작과 교회	**152**
5장 — 전례에 담긴 파스카적 특징	**166**
6장 — 그리스도교의 파스카	**180**
7장 — 내 삶의 파스카	**193**

옮긴이의 말 **212**
미주 **215**
참고 문헌 **220**

제1부

파스카에 얽힌
비밀을 찾아서

"내가 하느님 나라에서 새 포도주를 마실 그날까지,

포도나무 열매로 빚은 것을 결코 다시는 마시지 않겠다."

마르 14,25

1장

무엇이 이루어졌는가?

나는 꿈에 그리던 삶을 살고 있었다. 내가 원하는 대학교에서 학사 학위를 끝냈고, 이상형에 걸맞은 여인과 결혼했으며, 장로교회에서 사역使役하기 위해 공부하고 있었다.

고든 콘웰 신학교를 다닐 때 일이었다. 아내 킴벌리와 나는 부푼 기대를 안고 학교에 입학했다. 학교는 우리의 기대를 충족했다. 우리는 일상적인 대화도 성경을 중심으로 하는 공동체에서 살았다. 관심사와 열정을 함께 나누는 동료들이 있었다. 교수진은 출중했고, 뛰어난 설교자들도 많았다.

나는 그리스도인으로서 외적으로는 복음주의자였지만, 본질적으로는 칼뱅주의에 가까웠다. 나는 개신교 세계가 지닌 '종교 시장'

(일종의 '종교 소비자'인 교인들의 입맛을 맞추기 위해 애쓰는 교회를 일컫는 말. — 역자 주)의 모습을 잘 알고 있었다. 그렇기에 대학교와 신학교를 선택할 때처럼 신중하게 교파를 선택했다. 나는 어떤 장소에 있을 때보다 고든 콘웰에 있을 때 나와 뜻이 맞는 사람들과 함께 있음을 느꼈다. 우리는 매주 아침에 모임을 가졌고, 이 모임의 이름을 '제네바 아카데미'라고 지었다. 16세기 종교 개혁을 이끌었던 영웅 장 칼뱅이 설립한 학교의 이름을 따서 말이다.

내가 원하는 지적인 발전을 이루기에 여기보다 더 좋은 환경은 없었다. 물론 나와 내 친구들의 의견에 동의하지 않는 학생과 교수도 있었다. 하지만 우리는 그들의 의견도 환영했다. "쇠는 쇠로 다듬어진다."(잠언 27,17)

다음으로 내려야 할 결정은 '어느 교회를 다닐 것인가'였다. 주일 예배를 참례한 경험을 바탕으로 이는 자연스레 정할 수 있다. 당시에 나는 예배를 지적인 훈련으로 여기며 찬송과 기도로 장식한 성경 공부로 여겼다. 예식과 전례를 암시하는 그 어떤 것이든 그저 헛된 반복, 죽은 활동, 혐오스러운 것으로 보며, 종교 개혁자들이 그리스도교를 여기에서 해방했다고 여겼다. 전례는 그저 개신교가 잃어버린 이들, 곧 가톨릭과 정교회, 성공회 신자들의 것이라고 여겼다.

한참을 둘러보다 이상적인 교회를 찾았다. 그 교회는 내가 살고 있는 곳에서 차로 30분 떨어진 작은 마을에 있었다. 그 교회 목사는 내가 다니는 신학교의 히브리어 과목 교수였는데, 그는 하버드 대학교에서 수학했고, 옥스퍼드 대학교에서 박사 학위를 받았다. 그 목사는 나의 영웅이자 친구이고 멘토였다. 비록 시간이 지난 후에 명성을 얻었지만, 그 목사의 설교를 처음 들었을 때부터 그가 지닌 은사를 분명 알 수 있었다.

그 목사는 성경에 생동감을 불어넣었다. 그의 학식은 정말 방대했다. 그 목사는 고대 언어를 완벽히 구사했으며 신학은 물론 물리학, 엔지니어링 학위도 가지고 있었다. 이러한 점을 밝혀야만 하는 경우가 생기면 그는 자만하지 않고 가볍고 유머러스하게 밝혔다. 언제나 열심히 설교했고 신도들의 주의를 끌 만한 내용을 다루기 위해 노력했다. 그렇게 우리의 이목을 집중시키고 매료시켰다.

결승선

부활절 바로 전 주일에 그 목사가 한 설교를 생생하게 기억한다. 전례력을 따르는 교회에서는 이날을 '종려주일'(가톨릭 교회에서는 '주님 수난 성지 주일'이라고 부른다.—역자 주)이라고 부르며 종려나무 가지를 흔든다. 우리는 이러한 행위를 하지 않는다. 그러나 부활절을 코앞에 둔 복음주의 교회(미국의 보수적인 개신교 교파 가운데 하나. — 편집자 주)에서도 종려 주일을 무시할 수는 없었는지, 목사는 성금요일에 일어난 사건에 관해 설교했다.

그 목사는 언제나 멋진 설교를 했지만, 이날 설교는 특히 더 뛰어났다. 그는 모두의 이목을 우리에게 구원을 가져다준 십자가에 집중시켰다. 이를 위해 금과 은보다 더 가치 있는 자료들을 이용하며 자신에게 주어진 기회를 허비하지 않았다.

그 목사는 정확하게 전달하는 능력을 지닌 설교의 달인이었다. 그러면서도 성령께 온전히 의탁했으며, 성령의 이끄심에 따라 자신이 전하고자 하는 바를 포기할 수 있었다.

목사는 네 복음서에서 발췌하여 정리한 수난 사화를 들려주며 성경 구절마다 신학적인 설명을 덧붙였다. 그 설명은 마치 드라마나 이야기의 일부 같았으며, 이질감 없이 바로 다음 장면으로 이어지게 했다.

예수님께서 "다 이루어졌다."(요한 19,30) 하신 장면에 이르렀을 때였다. 목사는 갑자기 멈추었다. 우리는 극적인 효과를 나타내기 위해 잠시 멈추었으리라 생각했다. 그러나 목사가 설교를 재개하자 이제껏 해 왔던 설교에서 벗어나기 시작했다. 목사는 '무엇'이 다 이루어졌는지 궁금한 적이 없었는지 우리에게 물었다. '**무엇**'이 다 이루어졌다는 것일까?

나는 설교학을 공부했기에 목사가 한 행동의 의미를 분명히 알았다. 사람들에게 질문을 던진 이유는 그 답을 효과적으로 제시하기 위함이었을 것이다. 나는 답을 들을 준비가 되어 있었다. 답을 기다리는 시간이 흥미진진했다.

하지만 답은 없었다. 목사는 자신에게 답이 없다고 했다. 이 질문이 설교 원고에 포함되어 있지 않았음이 분명했다. 분명 순간적으로 목사를 사로잡은 말이었을 것이다.

나는 멍하게 앉아 생각에 잠겼다. 모두 그 답이 무엇인지 당연히 알지 않는가! 이는 우리의 구원이다. 곧, 구원이 이루어졌다는 뜻 아닌가.

그러나 목사는 내 마음을 꿰뚫어 보듯 말을 이어 갔다.

"만약 여러분이 예수님께서 뜻하신 것이 우리의 구원이라고 생각했다면, 다시 생각해 보시길 바랍니다."

목사는 바오로 사도가 "예수님께서 우리를 의롭게 하시려고 되살아나셨습니다." 하고 말한 로마 신자들에게 보낸 서간 4장 25절을 인용했다. 그렇다면 예수님께서 이루신 일은 성금요일에 골고타 언덕에서 '이루어진' 것이 아니라, 부활하신 날 당일 무덤이 있던 정원에서 '이루어진' 것이다.

목사는 자신이 답을 찾지 못했음을 인정하면서 넘어갔다. 하지만 나는 그럴 수 없었다. 그 순간부터 설교에 귀를 기울이지 못했다. 그저 앉아서 성경을 넘기면서 궁금증을 풀고자 했다. **좋다. 그렇다면 '무엇'이 이루어졌을까? 이 '무엇'은 무엇일까?**

마침 찬송가를 불렀는지도 기억나지 않는다.

나와 아내인 킴벌리는 교회에서 나왔다. 목사는 교회 건물 밖에서 신도들과 악수를 나누고 있었다. 나는 목사의 손을 덥석 잡고 "그러시면 안 됩니다!" 하고 말했다. 그는 당황한 듯했다. 그래서 나는 왜 이런 행동을 했는지 설명했다.

그러자 목사는 그런 수사적인 질문을 할 준비도 안했을 뿐더러 그럴 생각도 없었다고 밝혔다. 목사는 대답할 수 없었다고 거듭 말하면서도 나라면 그 답을 찾을 수 있다고 확신한다고 했다.

"찾아봐요, 스콧. 그리고 답을 알려 줘요!"

나는 남은 주일 하루 동안 수난 사화의 본문과 그 맥락을 연구했지만, 그날 밤까지 연구를 끝내지 못했다. 그 후 며칠, 몇 주, 몇 달간 이를 연구했고 계속해서 그 답을 찾아다녔다.

탐구와 조사

첫 번째 연구는 성경의 그리스어 원문과 다른 번역문을 읽고 고전적인 주석서와 최근의 해석을 살펴보며 성경 본문에 집중하는 것이었다. 나는 문맥에 따라 본문을 검토했다. 신 포도주를 적신 해면과 시간의 흐름에 주의를 기울이며, 죽은 이의 다리를 부러뜨리지 않는 결정이 담긴 내용, 그리고 거듭 언급되는 '성경 말씀이 이루어지게 하려는 것이었다.'와 같이 큰 문단에서 드러나는 세부 사항들을 살폈다.

모든 주석과 해설서는 요한 복음사가가 복음서에서 밝힌 이야기의 이면에 있는, 하지만 복음과 분리될 수 없는 주제로 나를 안내했다. 그 공통된 주제는 바로 '유다인들의 파스카 축제'다. 이 이야기를 둘러싼 세부 사항은 축제를 보내는 전통적인 관습과 관련이 있었다. '다 이루어졌다'는 구절에 담긴 의미를 해석할 열쇠도 파스카 축제에서 찾으리라는 예감이 들었다. 예수님께서는 파스카 축제 기간에 돌아가셨다. 이를 두 눈으로 목격한 모든 이는 특정한 시간에 벌어진 이 죽음에 섭리가 담겨 있음을 발견하고자 했다. 그래서인지 그날 있었던 일은 매우 자세히 기록되었다.

파스카에 관한 학술 도서는 도서관을 가득 채울 정도로 방대했지만, 나는 주눅 들지 않고 뛰어들었다. 주석가들은 하나같이 파스카가 이스라엘 백성이 해마다 하느님과 맺은 '계약'을 갱신하는 축제임을 주목했다. 계약은 나의 영웅이자 종교 개혁가 장 칼뱅의 신학에서 핵심 주제였다. 그리고 내 멘토이자 담임 목사가 말하는 신학에서도 마찬가지였다. 칼뱅은 성경 전체를 해석하는 열쇠가 계약이라고 믿었다. 계약은 창조 이래로 하느님과 인간 사이의 관계를 형성하고 좌우하는 법적 유대를 가리켰다.

'무엇'이 이루어졌든 간에 이는 이스라엘과 옛 계약의 갱신, 그리고 교회와 맺은 새 계약의 인호와 긴밀히 연결되어 있다. 이 '무엇'은 구원이라는 주제에서 변두리가 아니라 중심에 있는 것이었다. 이 '무엇'은 그저 내버려 두고 모른 체할 수 있는 것이 아니었다.

때가 되면 이 '무엇'은 내가 고심하며 차근차근 이루어 온 꿈과 삶의 관계를 시험할 것이다.

하지만 이 모든 것은 훨씬 뒤에 일어났다. 그 주일에 교회에서 설교를 듣고 시작하게 된 연구는 단순히 '무엇'에 관해서였다. 나는 그 답을 파스카 축제에서 찾을 수 있으리라 확신했다. 파스카 축제는 내 연구의 주제이자 이 책의 주제가 되었다.

2장

파스카와 계약

    파스카는 나 같은 학생을 뒤흔드는 강력한 주제였다. 물론 파스카가 지닌 중요성을 내가 최초로 인지한 것은 아니었다. 더군다나 그 주제를 더 깊이 있게 연구한 선구자도 아니었다. 파스카를 어떻게 생각하는지, 그 생각을 책으로 내야 할 필요성을 절박하게 느꼈던 사람 또한 내가 처음은 아니었다. 나는 고든 콘웰 신학교 도서관에서 찾은 수많은 오래된 책을 빌려서 집으로 가져갔다. 그리고 밤늦게까지 책상에 앉아 읽었다. 아침 일찍 잠에서 깨어났을 때도 읽지 못한 책들이 나를 기다리고 있었다. 예수님께서 울부짖으며 외치셨던, 다 이루신 것이 과연 무엇인지 그 책들 중 한 권에서, 혹은 모든 책 속에서 알 수 있을 것이라고 확신했다.

100여 년 전, 유다교 학자 하임 샤우스Hayyim Schauss는 오늘날 유다인들과 마찬가지로 1세기 유다인들에게도 파스카는 "단순한 공휴일 이상으로, 구원의 축제일"[2]이었음을 발견했다. 게다가 고대와 현대 유다교 사료에서 구원과 관련된 언어가 곳곳에 있음을 발견했다.

나와 같은 그리스도인에게 이는 섭리적으로 타당하다고 여겨졌다. 파스카가 유다인들에게 구원의 축제라면, 유다인이었던 예수님은 바로 이 때가 구원의 업적을 이루기 위한 적절한 때였음을 알아차리셨을 것이다.

예수님께서는 어떤 관습은 가볍게 여기신 반면에 또 어떤 관습은 중요시하셨다. 예를 들어 바리사이는 안식일에 일하기를 금했으나, 예수님께서는 안식일에 기꺼이 아픈 이를 치유하셨다. 또한 바리사이가 가까이하지 말라고 했던 이방인들과 어울리셨다. 그러나 한편으로 예수님께서는 유년기뿐만 아니라 공생활을 하실 때도 해마다 파스카 축제를 지내셨다. 나는 복음서에서 증언한 목격자들과 예수님의 이웃들, 그리고 예수님께 파스카가 어떤 의미를 지니는지 알고 싶어졌다.

재앙이 내려진 땅

파스카는 히브리어로 '페사흐Pesach'라고 하는데, 그 어원은 '건너감', '통과', '벗어남'을 뜻한다. 파스카 축제는 하느님께서 이스라엘 민족을 이집트 종살이에서 해방시킬 때 일으키셨던 가장 극적인 기적을 기념한다. 이집트의 파라오는 히브리 노예들이 그들의 신을 섬기는 행위를 줄기차게 거부했다. 탈출기에서는 '사람에서 짐승에 이르기까지 이집트 땅의 맏아들과 맏배를 모조리 친'(탈출 12,12 참조) 재앙을 밝힌다.

하느님께서는 모세와 아론에게 이스라엘 민족이 희생 제물을 어떻게 바쳐야 하는지 상세히 알려 주셨다. 그들은 하느님께서 알려 주신 대로 어린양의 피를 두 문설주와 상인방에 발랐다. 죽음의 천사가 이집트인들을 칠 때, 이스라엘 자손들의 집은 건너뛰었다. 그들의 맏아들은 살아남았다. 그들은 구원받았다. 파스카 어린양의 피가 그들의 목숨을 지킨 것이다.

이것이 드라마의 끝은 아니다. 우리는 나머지 부분을 알고 있다. 성경을 읽지 않았어도 영화나 드라마를 통해서 알고 있다. 파라오가 이스라엘 자손들이 이집트 땅에서 떠나도록 허락했지만, 곧 자신의 결정을 후회하고 병사들을 시켜 뒤쫓게 했다. 그때 하느님께서는 홍해를 가르시어 이스라엘 자손이 지나가게 하시고 따라오던 파라오의 군대는 바닷물로 뒤덮으셨다. 그 후 선택받은 민족은 하느님께서 주신 만나를 먹으며 40년 동안 광야 생활을 했다. 그리고 하느님께 계명을 받았으며, 마침내 약속의 땅에 들어섰다.

잊을 수 없는 사건이었다. 그럼에도 선택받은 민족들이 이 사건을 잊어버릴지도 모르기에, 하느님께서는 그들이 언제나 이 일을 기억하도록 어떤 수단을 마련하셨다. 탈출기를 보면 이 사건이 끝나기도 전에 주님께서 모세와 아론에게 파스카 축제를 지내도록 명령을 내리셨다.

"너희는 이달을 첫째 달로 삼아, 한 해를 시작하는 달로 하여라."(탈출 12,2)

모세는 이스라엘 민족이 이집트에서 해방된 그날을 기념하는 만찬에서 먹을 음식이 무엇인지 하느님께서 알려 주신 대로 전달했다. 그 식사의 메인 요리는 문설주에 피를 바르기 위해 잡은 어린양이 될 것이다. 하느님께서는 이 양을 어떻게 준비하는지, 어떻게 조리하는지, 무엇을 곁들여 먹어야 하는지도 전달하셨다.

만찬의 모든 재료는 그 사건을 기억하도록 이끌어 주는 도구였다. 곁들여 먹는 쓴나물은 노예 생활의 쓰라림을 상기하기 위한 것이었다. 누룩 없는 빵은 이집트에서 먹는 마지막 식사를 서둘러야 했음을 떠올리게 한다. 반죽이 부풀어 오르기를 기다릴 시간조차 없었던 것이다. 양은 어떠한가? 양은 모든 맏배를 대신해 죽었다.

하느님의 명령은 명확했다. 파스카 축제는 영원히 계속될 것이다. "이날이야말로 너희의 기념일이니, 이날 주님을 위하여 축제를 지내라. 이를 영원한 규칙으로 삼아 대대로 축제일로 지내야 한다."(탈출 12,14) 이스라엘의 모든 가정은 주님과 그분께서 하신 일을 기리기 위해 해마다 파스카 축제를 지냈다.

탈출기와 후기 랍비 문헌에서는 이 축제를 명확하게 강조했다. 심지어 교리 문답과 같은 질의응답 형태가 성경에 남아 있다.

너희는 주님께서 약속하신 대로 너희에게 주실 땅에 들어가거든, 이 예식을 지켜라. 너희 자녀들이 너희에게 "이 예식은 무엇을 뜻합니까?" 하고 물으면, 이렇게 대답하여라. "그것은 주님을 위한 파스카 제사이다. 그분께서는 이집트인들을 치실 때, 이스라엘 자손들의 집을 거르고 지나가시어, 우리 집들을 구해 주셨다."(탈출 12,25-27)

이토록 분명하게 기술된 축제는 성경에 없었다. 이스라엘인들은 주님께서 자신들에게 하신 놀라운 일을 잊지 않도록 안전장치를 갖춰야만 했다.

계약이 지니는 새로운 바람

주 하느님께서 이스라엘 민족의 불평을 듣고 그들을 구해 내신 이유는 바로 그들의 조상 "아브라함과 이사악과 야곱과 맺으신 당신의 계약"(탈출 2,24) 때문이었다. 탈출기에서는 열두 차례 이상 '계약'이 하느님께서 이스라엘 민족에게 호의를 베푸시는 이유임을 상기시킨다.

영단어 '계약covenant'은 히브리어 '베리트berit'를 번역한 단어다. 그리스어를 사용한 유다인들은 이를 '디아테케diathēkē'라고 표현했다. 이 단어는 이스라엘 민족에게 자신들의 역사를 해석하는 열쇠를 제공했다. 성경을 중심으로 하는 종교(유다교와 그리스도교)는 '계약'이라는 관념에 기반을 둔다. 그리스도인들은 첫 세대부터 성경과 모든 역사를 옛 계약과 새 계약으로 나누었다(갈라 4,24; 2코린 3,6.14; 히브 8,6-9.13 참조). 서양 문화권에서는 때때로 성경의 의미와 구조적 단일성을 놓치고는 한다. 왜냐하면 성경을 크게 두 부분으로 구분하면서 이름을 붙일 때 그리스어 '디아테케'를 '커버넌트covenant' 대신 '테스타멘트testament'라고 번역하기 때문이다('커버넌트'와 '테스타멘트' 모두 하느님과 인간 사이의 동의와 약속을 뜻하지만, 세세한 의미는 다르다. '커버넌트'는 상호 간 동의 혹은 수락으로, 양쪽 모두 책임과 의무가 뒤따른다. '테스타멘트'는 어떤 이가 자신이 죽은 후 재산이나 소유물을 어떻게 분배할지 설명하는 마지막 유언 혹은 유서를 가리킨다. 라틴 번역가들은 그리스어 '디아테케diathēkē'를 라틴어 '테스타멘툼testmentum'과 동의어로 간주했으나, 성경의 핵심 주제는 하느님과 인간 사이의 계약이기에 '커버넌트'의 의미가 더 적절하다. 우리말 성경은 옛 계약을 뜻하는 '구약', 새 계약을 뜻하는 '신약'으로 표현하는데, '커버넌트'의 의미를 담는다고 볼 수 있다. ― 역자 주)

하느님께서 당신의 계약을 '기억'하실 때, 당신이 선택하신 민족과 맺은 혈연관계를 언급하신다. 하느님께서는 아담과 하와를 빚으시어 모든 인류와 관계를 맺으셨으나,[3] 그들은 계약을 깨뜨렸고 그들과 그들의 후손을 하느님의 영광에서 멀어지게 했다. 모든 계약에는 상호 간 의무가 따른다. 의무를 다하는 사람은 계약의 축복을 누린다. 그러나 의무를 따르지 않은 사람은 계약을 깨뜨리는 것이고, 저주를 입는다. 이에 대한 진술을 신명기 11장에서 볼 수 있다. 하느님께서는 이렇게 말씀하신다.

보아라, 내가 오늘 너희 앞에 축복과 저주를 내놓는다. 내가 오늘 너희에게 명령하는 주 너희 하느님의 계명들을 너희가 듣고 따르면 복이 내릴 것이다. 그러나 너희가 주 너희 하느님의 계명들을 듣지 않고, 내가 오늘 너희에게 명령하는 길에서 벗어나, 너희가 알지도 못하는 다른 신들을 따라

가면 저주가 내릴 것이다.(신명 11,26-28)

아담은 순종하지 않았고 그 결과 하느님과 관계가 멀어졌다. 그러나 하느님께서는 인류와 맺은 이 관계를 다시금 정립하기 위해 계속 다가가신다. 하느님께서는 노아와 그 가족과 계약을 맺으시고, 아브라함과 그 후손들과 계약을 맺으셨다. 이제 탈출기에서는 아브라함과 맺은 계약을 '기억'하시어 이를 이스라엘을 구원하기 위한 이유로 삼으셨다.

성경 내에서 계약보다 더 중대한 것은 없다. 계약은 하느님께 서약하는 것과 상응하는 장엄한 예식을 통해 확정된다. 이 예식에 담긴 세부 사항은 계약이 지니는 중대함을 나타낸다. 피는 파스카 때 새로이 이루어진 계약의 표지다. 훗날 모세는 이스라엘 민족에게 십계명을 준다. 이를 두고 '계약의 책'이라 부르며, 희생 제물로 바쳤던 짐승의 피를 가져다가 "백성에게 뿌리고 말하였다. '이는 주님께서 이 모든 말씀대로 너희와 맺으신 계약의 피다.'"(탈출 24,7-8)

초기 그리스도인들은 성경에서 계약이 지니는 중심적 위치를 날카롭게 인식하고 있었다. 그러나 이 인식은 그 이후 성경 해석에서 흥했다가 점차 사라졌다. 그 후, 칼뱅과 다른 종교 개혁자들은 하느님의 행위에 대한 법적 차원을 강조하며 성경에서 드러나는 계약에 관한 관심을 다시금 불러일으켰다. 고든 콘웰 신학교 학생으로서 나는 그러한 관심으로 파생된 가장 좋은 열매를 즐길 수 있었다. 내가 다니는 교회의 목사는 고든 콘웰 신학교의 교수로서 젊고 유능했으며 계약을 전공한 신학자로서 이름을 떨치고 있었다. 그의 멘토 메러디스 클라인Meredith Kline 역시 고든 콘웰 신학교의 교수로 있었다. 가톨릭 신학자들도 계약에 관한 연구에 관심을 보이고 있었다. 나는 신학교 학생으로서 가톨릭을 거부했으나 교황청 성서 대학 교수이자 예수회 소속인 데니스 매카시Dennis McCarthy의 연구에 관심을 가지고 있었다.

파스카, 재현, 그리고 미래

계약에 관한 개념은 매우 명확하기에 내팽개칠 수 없었다. 하지만 그리스도인뿐만 아니라 고대 사회에서도 이를 오랫동안 도외시했다. 하느님께서는 언제나 당신 백성에게 신실하셨음에도 불구하고 그분의 민족은 거듭 죄를 지었다. 그리하여 대홍수를 겪었고, 이집트에서 종살이를 했으며, 40년 동안 광야를 떠도는 생활을 했다. 또한 그들이 세운 왕국은 멸망했으며, 바빌론으로 유배를 가는 등 온갖 재앙을 마주해야 했다.

탈출기는 파스카를 매년 지키며 계약을 갱신해야 한다는 점을 명확하게 표현한다. 모세는 하느님께서 지시하신 대로 예식을 거행한다. 실제로, 오경 이후 구약 성경에서 이러한 방식으로 파스카를 지내 왔음을 볼 수 있다. 모세가 살아 있는 동안 시나이 광야에서 축제를 지내는 이스라엘 민족의 모습, 여호수아가 약속의 땅에 들어섰을 때 길갈에서 파스카 축제를 지내는 모습을 찾을 수 있다(여호 5,10 참조).

그 후 수세기가 지났다. 천 년이라는 세월이 흐른 후 약속의 땅에서 이스라엘 민족은 안주한다. 그들은 자신들의 이야기를 잃어버린 듯했다. 그들은 하느님과 맺은 계약을 잊어버렸다.

역대기 하권은 왕국이 쇠락하던 마지막 나날들을 보여 준다. 역대기 하권 34장을 보면, 힐키야 대사제는 한 번도 사용하지 않은 것으로 보이는 계약 책을 '발견'한다. 대사제는 책을 읽으면서 이스라엘 민족이 하느님께 지켜야 할 책무를 다하지 않았음을 깨달았다. 그리고 이를 요시야 임금에게 보고했다. 요시야 임금도 책의 내용을 듣고 소스라치게 놀란다. 임금은 다시금 파스카 축제를 지내게 함으로써 옛 선조들의 종교적 예식을 거행하도록 명령한다(2역대 35,1 참조).

파스카 축제는 예루살렘에서 지냈다. 이는 유다교의 세 가지 순례 축제 중 하나였으며, 이스라엘 법에 따르면 남성들은 1년에 세 번 종교 예식을 위해 반드시 예루살렘에 가야 했다(탈출 23,14-17 참조).

유다교의 축제 중 파스카는 가장 큰 축제였다. 에제키엘 예언자는 파스카 축제를 모든 민족이 배불리 먹고, 메시아이며 왕이신 분께서 셈을 치르는 기쁨의 때라는 이상적인 환시를 보았다(에제 45,18-24 참조). 파스카 축제는 기쁨의 축제인 동시에 장엄했다. 오순절도 예루살렘에서 치러졌지만, 이는 먹고 마시며 즐기는 축제로 알려져 있었다. 그러나 파스카는 흥청망청 먹고 마시고 즐기는 분위기가 아니었다. 기쁨이 넘치지만 엄숙한 축제였다.

요시야 임금은 예루살렘에서 행하는 종교 예식을 회복시켰다. 하지만 이는 미미하고 시기적으로 때를 놓친 개혁이었다. 얼마 지나지 않아 유다 왕국은 멸망하고 백성들은 바빌론으로 유배를 떠났다. 그러나 요시야 임금의 개혁은 여전히 유다 백성들에게 영향을 미쳤다. 유배에서 돌아온 이들이 곧바로 규정에 따라 파스카 축제를 재개했음을 성경을 통해 알 수 있다(에즈 6,19-20 참조).

이러한 축제를 기념하는 데는 두 가지 목적이 있다. 다시금 기억하기 위해서, 또 감사를 드리기 위해서다. 오늘날 우리도 이와 같은 목적으로 공휴일을 보낸다. 하지만 이스라엘 축제를 살펴볼 때, 중요하게 구분해야 할 필요가 있다. 기억에 관한 그들의 관념이 우리가 흔히 여기는 '기억'과는 근본적으로 다르기 때문이다.

성경을 중심으로 하는 종교에서, 기억은 단순히 과거의 사건을 상기하는 심리적 행위가 아니다. 오히려 그 사건이 재현됨을 의미한다. 그래서 오늘날에도 유다인들은 파스카 축제를 지낼 때, 이집트 종살이에서 해방된 이로 참여하며, 해방됨에 감사를 표한다. 파스카 축제 날, 아들이 아버지에게 왜 이 축제를 기념하는지 묻는다면, 아버지는 오경의 한 구절로 대답해야 한다.

"이것은 내가 이집트에서 나올 때, 주님께서 나를 위하여 하신 일 때문이란다."(탈출 13,8)

이집트에서 해방된 사건은 종살이에서 탈출한 그 세대만의 것이 아니다. 파스카 축제는 모든 유다인에게 공통으로, 또 개별적으로 귀속된 것이었다.

파스카 축제는 예수님 시대에 예루살렘 주변에서 사는 평범한 유다인들의 삶에서 생생한 기억으로 자리 잡았을 것이다. 외딴 곳에서 살던 이들에게 이 축제를 지내러 가는 여정은 힘들었다. 도시에 도착하자마자 꼬박 8일 동안 그 축제를 치러야 했기 때문이다. '파스카'는 어린양을 희생 제물로 바치고 먹은 첫날을 가리킨다. 그 후 7일 동안은 무교절로서 이어진다. 두 축제는 긴밀히 연관되어 있었다. 유다인들은 축제를 이어서 지냈다는 점을 나타내기 위해 이 두 축제의 명칭을 혼용해서 사용했다.

예루살렘의 인구는 증가했고, 사람들은 불편하게 붙어서 지내야 했다. 사람들은 파스카 음식을 먹기 위한 장소를 찾아야 했다. 10명 이상이 무리를 이루어 어린양 한 마리를 나누어 먹어야 했다. 1세기 유다 역사가 플라비우스 요세푸스는 어느 해에는 어린양 255,660마리가 도살되고, 200만 명이 넘는 사람이 파스카 축제에 참여했다고 말한 바 있다. 요세푸스가 도살된 어린양의 숫자를 과장했다고 가정하고 이를 절반으로 줄인다 하더라도, 그 숫자는 엄청나다. 즉 예루살렘은 매년 적어도 1주일 동안 고대의 도시 가운데 가장 많은 인구를 거느린 도시였다.

성전은 쉴 새 없이 분주했다. 레위 지파의 24개 가문은 모두 그들의 활동을 보고해야 했다. 그들 중 누군가는 노래를 부르고 누군가는 어린양을 도살하며, 또 누군가는 은이나 금으로 된 쟁반에 그 피를 담았다. 그러고 나면 사제들은 어린양의 피와 기름을 제단 위에 뿌렸다.

그러나 희생 제사는 오직 어린양의 고기를 먹음으로써 끝맺을 수 있었다. 이는 계약을 새로이 갱신하는 행위였다. 이스라엘을 한 민족으로 엮는 행위였다. 유다인 개개인이 하느님과 다른 이들과 친교를 이루는 행위였다. 따라서 랍비 문헌에는 어떠한 유다인도

가난하다는 이유로 이 축제에서 배제되어서는 안 된다고 가르쳤다. 모든 이는 파스카 예식에 쓰인(적어도 올리브 크기 정도인) 어린양의 고기를 먹어야 했고 만찬의 각 과정을 마무리 짓는 네 잔의 포도주를 마셔야 했다.

이러한 파스카 축제의 장면은 예수님이나 그분의 제자들에게 어릴 때부터 생생한 기억으로 남았을 것이다. 예루살렘은 흥분과 확신, 민족적인 자부심으로 가득 차 있었다. 파스카 축제는 며칠 동안 계속되었다. 우리는 파스카 축제 기간에 유다인들이 예루살렘을 점령한 이들에 대항하여 반란을 일으켰다는 사실에 놀랄 이유가 없다.[4] 고대 사료는 파스카 축제 기간 동안 하느님의 기름부음 받은 이, 곧 메시아가 자신을 드러내 보일 것이라는 공통된 믿음이 유다인들에게 있었다는 사실을 보여 준다.

그럼에도 로마인들조차 파스카의 중요성을 인지하고, 상징적인 방식으로 경의를 표했다. 예를 들어, 파스카 축제를 기념하고자 죄수를 석방해 주는 방식으로 말이다.

파스카를 위한 수난

연구와 조사를 거듭한 첫 주에 고대 파스카 축제가 지닌 역사적

발자취를 뒤따름으로써 내가 배워야 할 것을 알아차렸다. 여전히 불투명하고 모호한 부분이 있었지만, 내가 잘 아는 이야기, 즉 '다 이루어졌다'는 주인공의 말로 끝나는 이야기를 강하게 암시하기도 했다.

고대 파스카 축제에는 피가 담겨 있었고, 계약이 있었으며, 하느님의 어린양이 있었다. 구원과 해방이 있었고, 죄수들이 풀려났다. 이는 예수님 수난의 몇몇 부분을 비추어 주었다.

게다가 이 모든 것은 내가 오랫동안 계약에 대해 알고 있던 것과 일치했다. 내가 읽는 모든 것이 익숙했다. 그러나 한편으로는 완전히 새롭게 보였다.

'무엇'이 오래전에 이루어진 것은 확실하다. 하지만 이루어진 것이 '무엇'인지에 대한 탐구는 이제부터 시작이었다.

3장

예형인 희생 제사

앞서 언급했듯이, 고든 콘웰 신학교에서 나누는 대화는 성경 해석에 중점을 두었다. 특정한 주제는 언제나 논쟁을 불러일으켰고, 때로는 기본적인 원칙도 그러했다. 예를 들어 학생과 교수진 모두 구약 성경을 읽는 방법에 대해 견해가 달랐다. 특히 '예형론豫型論'은 성가신 주제였다.

'예형론'은 신약 성경에 이르러서야 완성될 원형으로 구약 성경에 나타나는 인물, 사건 혹은 사물을 연구하는 것을 가리킨다. 모든 그리스도인은 히브리 성경이 예수님을 가리킨다는 사실에 동의한다. 예수님께서도 당신 자신을 '요나'(마태 12,39 참조), '솔로몬'(마태 12,42 참조), '성전'(요한 2,19 참조)에 견주신다. 그리고 '뱀'(요한 3,14 참조)을 두고 당신을 가리키는 '표징'이라고 계시하셨다. 초기 그리스도인들도 이러한 방식으로 성경을 읽었다. 필리포스는 예수님을 이사야 예언서에 나오는 고난받는 종의 예형으로 여겼다(사도 8,32-35 참조). 바오로 사도는 "아담은 장차 오실 분의 예형입니다."(로마 5,14) 하고 가르쳤다. 베드로의 첫째 서간에서도 노아의 홍수가 본형인 세례를 가리킨다고 표현한다(1베드 3,20-21 참조).

성경에 나타나는 예형에 관련된 내용은 사실 논쟁을 일으킬 소지가 없다. 고든 콘웰 신학교에서 친구들과 벌인 논쟁은 독자들이 구약 성경에서 나타나는 예형을 자유롭게 해석할 수 있는지에 중점을 두었다. 나는 이스라엘 법과 역사의 모든 구절에서 예수님을 찾을 수 있다고 여기는 '극예형론자typological maximalists'들을 비웃고는 했다. 그러나 내게는 또 다른 부류의 친구들도 있었다. 그들은 신약 성경이 예형으로 여기는 구약 성경의 요소들만 예형으로 여겨야 한다고 주장했다.

파스카는 후자의 범주에 속하기에 안전했다. 바오로 사도가 코린토 신자들에게 보낸 첫째 서간에서 이를 증명한다. 어떠한 권위도 이를 뒤집지 못한다. "우리의 파스카 양이신 그리스도께서 희생되셨기 때문입니다."(1코린 5,7) 그리스어로 '파스카pascha'라고 불리는 용어는 '파스카' 혹은 '파스카 양'으로 다양하게 번역되었다. 그 당시 유다인들은 이 단어를 사용할 때 축제를 가리키는 것뿐만 아니라 이를 특징짓는 희생 제물 곧 어린양을 가리켰기에, 두 번역 모두 타당했다. 코린토 신자들에게 보낸 첫째 서간 5장 7절과 그다음 문장에서 사용된 용어들은 바오로 사도가 전통적으로 '누룩 없는 빵'과 함께 행한 '축제'를 폭넓게 말하고 있음을 분명하게 밝힌다.

바오로 사도는 그리스도인들의 성취('**우리**의 파스카')와 고대 유다인들의 성취를 '옛 것'과 '새 것'이라는 단어를 대비함으로써 구별한다. 그러면서도 약속에서 성취에 이르기까지 연속성을 알아차렸다. '파스카', '희생 제사', '누룩 없는 빵'과 같은 특정한 용어와 상징이 계속 나타난다는 사실이 이를 증명한다.

파스카에 관한 연구를 하면서 나는 예형론이 생각했던 것보다 더 큰 범주로 적용된다는 점을 깨달았다. 고대의 파스카는 단순히 이름을 제공하면서 그리스도 안에서 이루어지는 구원을 미리 가리키는 것이 아니다. 우리가 이해하도록 풍부한 맥락을 제시함으로써 그리스도 안에서 일어나는 구원을 미리 보여 준다. 나는 하느님께서 당신의 섭리 안에서, 당신 아드님께서 걸어가실 길을 얼마나 주의를 기울여 마련하셨는지 알 수 있었다.

바오로 사도는 코린토 신자들에게 보낸 첫째 서간에서 "우리는 하느님의 신비롭고 또 감추어져 있던 지혜를 말합니다. 그것은 세상이 시작되기 전, 하느님께서 우리의 영광을 위하여 미리 정하신 지혜입니다."(1코린 2,7) 하고 암시했다. 신약 성경에서 명확하게 드러난 구약의 예형은 창조에서부터 구원에 이르기까지 하느님 계획이 지닌 역동적 단일성을 보여 준다. 하느님께서 처음부터 명하신 것들이 점진적으로 실현되었다. 그 표지는 구약 성경의 모든 곳에 담겨 있었다.

퇴색된 희생 제사

나는 파스카를 연구하면서 오랫동안 당연하게 여겼던 용어들을 다시금 면밀하게 검토했다. 바오로 사도는 파스카를 예형으로 제시하면서, 직접적으로 이는 희생 제사를 가리킨다고 밝혔다. 나는 구약 성경이 표현하는 예배의 중심에 희생 제사가 있음을 당연히 알고 있었다. 이스라엘에서 희생 제물을 바치는 제도 자체가 하나의 예형으로 신약 성경에서 묘사된다는 사실도 알고 있었다. 이러한 견해는 예수님의 죽음을 희생 제사라고 밝히는 히브리인들에게 보낸 서간에서 분명하게 나타난다. 구약에 나타나는 예식처럼, 예수님의 죽음은 피를 흘리고 몸을 바치는 것을 담는다. 그리고 구약의 예식이 나타내듯이 그분의 죽음은 하늘과 땅, 하느님과 그분 백성 사이의 계약을 확인시킨다.

하지만 구약의 예식과 다르게 예수님의 희생 제사는 되풀이될 수 없다. 예수님의 희생 제사는 모든 것을 충족했다. "그분께서는 다른 대사제들처럼 날마다 먼저 자기 죄 때문에 제물을 바치고 그다음으로 백성의 죄 때문에 제물을 바칠 필요가 없으십니다. 당신 자신을 바치실 때에 이 일을 한 번에 다 이루신 것입니다."(히브 7,27; 9,12.26; 10,10 참조)

나는 고대 사회에서 그리스도교가 얼마나 혁신적으로 보였을지 깨달았다. 학자들은 종종 예수님 사후 지성사intellectual history에 미친 그분의 영향을 주목한다. 하지만 생각해 보면 이는 지금에 이르러서야 깨달을 수 있는 것이다. 1, 2세기 그리스도교에 가장 두드러진 점이 있다면 바로 '**종교**'처럼 보이지 않는 데 있다.

1세기의 주요 종교 그리고 대중적인 예배는 종교적인 목적으로 동물을 도살하는 피의 희생 제사를 거행했다. 로마인들도, 그리스인들도, 유다인들도 그러했다. 또한 같은 시대에 그리스-로마 세계와는 완전히 단절된 메소아메리카Mesoamerica(중앙아메리카) 지역의 마야 문명에서도 동물이나 인간을 제물로 삼아 제단에 바쳤음을 볼 수 있다. 이러한 종류의 희생 제사는 종교를 구성하는 필수 요소로 여겨질 정도로 어느 종교에서나 지녔던 특징이었다.

신약 성경의 저자들은 독자들이 종교를 떠올릴 때 '피의 희생 제사'라는 관점에서 생각하리라고 가정했다. 하지만 저자들은 그리스도교를 '단 한 번 모든 이를 위하여' 유일하게 희생 제사를 지닌 종교라고 밝히며, 이 희생 제사는 이미 완전히 바쳐졌다고 강조한다.

그리스도인들에게 예수님의 죽음은 예루살렘 성전에서 바쳐진 희생 제사의 종지부라고 여겨졌다. 실제로 예수님께서 돌아가신 지 40년이 채 되지도 않아 성전은 완전히 파괴되었으며, 재건되지 못했다. 게다가 그리스와 로마의 종교들은 세상에서 자취를 감추었다. 1세기 이후에 생겨난 종교(랍비 유다이즘과 이슬람)는 희생 제사의 성격을 지니지 않았다. 오늘날 지구상에서 동물을 바치는 희생 제사가 거행되는 곳은 거의 없다.

이러한 사실은 바오로 사도가 논의했던 희생 제사를 이해하려 할 때 불리하게 작용한다. 오늘날 우리는 예배를 떠올릴 때 피의 제사라고 여기지 않는다. 그렇기에 제단, 사제, 제물에 관한 바오로 사도의 이야기를 들을 때 은유라고 여기기 쉽다. 오늘날 우리는 파스카 축제를 지낼 당시, 사제들이 어린양 수십만 마리를 도살해 그 피 때문에 예루살렘의 온 개울이 붉게 물들었다는 점을 보지 못한다.

나는 파스카 축제를 새롭게 공부하면서 '우리의 파스카 양이신 그리스도께서 희생되셨다'는 점을 깨달았을 때 바오로 사도가 무엇을 느꼈을지 알고 싶었다. 희생 제사가 예수님과 동시대인들에게 어떠한 뜻을 지니는지 알고 싶었다. 구원의 축제인 파스카의 맥락에서 희생 제사가 뜻하는 바가 무엇인지 알고 싶었다.

희생 제물의 의미

성경 종교 내에서 현재의 우리와 머나먼 조상들 사이의 크나큰 단절을 상징하는 것이 바로 희생 제사다. 하지만 희생 제사는 성경 모든 책의 배경이 되거나 중요한 위치에 있다. 희생 제사는 하느님과 그분 백성 사이의 모든 계약을 새로이 하고 확증하는 행위다. 하느님과 그분의 중재자들은 누가, 무엇을, 언제, 어디서 희생 제사를 거행할지와 같은 세세한 사항을 세심하게 주의를 기울이며 설명했다.

하지만 '왜'와 관련된 질문이 우리를 당혹스럽게 한다. 고대인들은 이를 당연하다고 여겼기 때문이다. 그렇기에 우리는 그 행간을 읽어야 한다. 현대인들에게 동물을 제물로 바치는 예식은 무의미한 것처럼 비칠 수 있다. 원시적인 충동에 따른 만족을 얻는 행동이라거나 폭력적이거나 낭비라고 여기며, 심지어 잔인하게 보일 수도 있다. 하지만 이스라엘 백성에게 희생 제사는 공허한 어떤 것이 아니라 의미로 가득 차 있었다.

희생 제사는 하느님과 그분 백성 사이의 관계를 바로잡고 갱신하며 승인하는 주요 방법이었다. '희생sacrifice'이라는 영단어는 '거룩하게 하다' 혹은 '분리하다'를 뜻하는 라틴어 합성어에서 유래했다(히브리어로는 '코르반corban'이라고 하며, 의미는 같다). 희생 제물을 바치는 행위를 통해 그 사람은 서약하고 하느님을 그 증인으로 청했다.

하느님과 아브람(아브라함) 사이에 맺어진 계약을 살펴보자. 하느님은 아브람에게 희생 제사를 드리기 위해 다양한 동물을 모으라고 명령하셨다.

"삼 년 된 암송아지 한 마리와 삼 년 된 암염소 한 마리와 삼 년 된 숫양 한 마리, 그리고 산비둘기 한 마리와 어린 집비둘기 한 마리를 나에게 가져오너라."(창세 15,9)

아브람은 짐승들을 반으로 갈라 쪼개어 놓은 다음, 맹금들이 그것을 먹지 못하게 쫓아냈다. 이윽고, 하느님께서 짐승들 사이로 횃불을 지나가게 하시고, 계약을 선포하시며 축복과 저주를 꺼내 놓으셨다.

기본적으로 이러한 희생 제사는 하느님께 합당한 것을 돌려 드리는 것을 가리킨다. 희생 제사를 바치는 이는 하느님께서 온 우주의 창조주시요 주권을 지니신 분이심을 알아차린다. 모든 생명은 하느님께 달려 있다. 그렇다면 희생 제사는 예배이면서 찬양과 감사의 한 형태다.

하지만 사실 희생 제사에는 더 많은 것이 담겨 있다. 이는 희생 제물에서 더욱 두드러지게 나타난다. 사실 희생 제사에는 암묵적 위협이 들어 있다. 모든 계약은 축복과 저주를 동반한다. 이행했을 때는 축복이 주어지며, 이행하지 못했을 때는 저주가 내려진다. 짐승의 피는 계약을 통해 세워진 새로운 가족적인 유대를 상징한다. 이 유대에 함께하는 이들은 '혈연관계'를 이룬다. 이것이 바로 축복이며, 긍정적인 면이다. 그러나 도살된 동물들은 계약을 불충실하게 이행했을 때 생기는 결과를 나타내기도 한다. 계약을 어기는 것은 하느님 앞에서 했던 맹세를 더럽히는 것이었다. 불충실함은 일종의 신성 모독과 같았고, 이는 죽음을 자초하는 것이나 다름없었다. 제물을 바친 사람은 제단 위에서 계약을 이루기 위한 조건을 제시했기에, 계약에 대해 모른다고 할 수 없었다.

하느님의 계약에 대충이란 없다. 이는 생사가 걸린 문제다. 계약은 언제나 피로 확증되고, 이는 새로운 혈연관계를 나타낸다. 이 피는 생명을 선사하시고 죽음을 다루시는 하느님의 전지전능함을 상징한다. 예언자들은 "너에게는 나와 피로 맺은 계약이 있으니 포로가 된 내 백성을 내가 물 없는 구덩이에서 끌어내 주리라."(즈카 9,11)와 같은 말로 하느님의 말씀을 전했다. 이 계약의 피는 하느님께서 당신 백성을 구해 내실 권능을 증명했다.

각각의 희생 제물은 경고의 의미를 지니지만, 대리의 역할도 한다. 하느님의 백성들은 계약을 깨뜨릴 때마다, 죄를 지을 때마다 하느님과 관계를 회복하기 위해 희생 제사를 드렸다. 자신들이 지은 죄가 죽음이라는 결과로 이어짐을 깨닫고 그들을 대신해서 동물을 바쳤다. 따라서 희생 제사는 그들의 슬픔을 생생하게 표현하는 것이었다.

파스카 어린양은 분명히 대속代贖 희생 제물이었다. 하느님께서는 이집트 땅에서 모든 맏배의 목숨을 요구하셨다. 문설주에 바른 어린양의 피는 그 책무를 다했다는 표지였다. 하지만 우리는 왜 히브리인들이 단순히 그들이 지닌 민족성 때문에 하느님의 저주를 피할 수 없었는지에 대해 질문해야 한다. 사실 그들은 저주를 피하지 못했다. 그들은 계약을 깨뜨렸기에 저주를 받아야 했다. 그들의 조상이었던 야곱의 아들들은 형제였던 요셉을 상인들에게 팔아넘겨 무거운 죄를 지었다. 후대의 히브리인들은 이집트의 동물을 신으로 숭배하며 더욱 무거운 죄를 지었다(탈출 12,12; 여호 24,14-15; 에제 20,7-8 참조).

하느님께서 이스라엘 백성을 죽음에서 구하시고 이집트 종살이에서 해방하신 이유는 그들이 구원받기에 합당해서, 곧 그들이 죄가 없기 때문이 아니라 당신의 자비 때문이다. 파스카 때, 그리고 그 이후에 희생 제사를 통해 하느님께서는 그들이 섬겼던 우상들을 '죽이라고' 명령하셨다. 또한 짐승이 그들을 대신해서 처형되는 것을 목격하라고 요구하셨다. 중세의 랍비 나흐마니데스Nachmanides는 짐승을 바치는 이러한 희생 제사를 두고 '실물 대신 모형 혹은 인형을 처형하는 것execution in effigy'에 비유했다. 유다인 학자인 조슈아 버만Joshua Berman은 이러한 행위에 징벌이나 교정의 측면도 있다고 설명한다.

"성전 안에서 하느님 앞에 서서 자신이 지은 죄를 대신해서 도살되는 짐승을 바라봄으로써, 제물을 바친 이가 하느님께 대한 의무를 새로이 깨달아 다시는 하느님을 저버리지 않게 하려는 것이다."[5]

동물을 바치는 희생 제사는 또 다른 높은 차원의 의미를 지닌다. 동물은 우리에게 경고하는 역할을 한다. 그리고 대신하여substitute 죽는다. 그 제물을 바치는 사람을 **대신해서**representative 죽는다. 그 짐승은 하느님을 향한 선물, 곧 한 사람이 지닌 온 생명을 뜻한다. 어떤 아버지가 성전 안뜰에 들어가 그의 가족을 위해 파스카 양을 바칠 때, 그는 자신의 목숨을 바치는 것이었다. 그렇기에 파스카 희생 제사는 극적이고 엄숙했으며, 이 예식에 참여하는 모든 이는 정화됨을 느낄 수 있었다. 이는 어린양 25만 마리의 피가 키드론 골짜기에 강물처럼 흘러넘쳤다는 것만을 뜻하지 않는다. 성전의 거대한 제단 위에 수많은 양의 기름이 흘러넘쳤다는 것만을 가리키지 않는다. 희생물로 바쳐진 동물의 목숨을 통해 모든 죄가 사해지고, 다가올 모든 미래가 구원을 누리는 드라마가 펼쳐졌다.

물론 성전에 들어선 모든 이가 경건한 생각을 지녔다는 의미는 아니다. 1980년대 매사추세츠주처럼, 1세기 예루살렘에서도 사람들은 무미건조하고 산만하게 예배를 드리곤 했다. 그들은 형식적으로 남들이 하는 행위를 따라했고, 많은 경우에 그렇게 하는 경향이 있었다.

그들은 오랫동안 이렇게 행동했고, 결국은 예배에 완전히 흥미를 잃었다. 성경에는 하느님께서 희생 제사의 목적과 의미, 그리고 당신의 엄청난 계획에서 희생 제사가 지니는 위치를 상기시키시는 내용으로 가득하다. "정녕 내가 바라는 것은 희생 제물이 아니라 신의다. 번제물이 아니라 하느님을 아는 예지다."(호세 6,6; 마태 9,13; 12,7 참조) 이는 하느님께서 당신 백성에게 더 이상 성전에서 희생 제물을 바치지 말라고 명령하시는 것이 아니다. 오히려 하느님께서는 각각의 희생 제사가 그 목적에 부합하기를 바라셨다. 백성들이 진심으로 희생 제사를 바치고, 이를 통해 변화되기를 바라셨다. 이러한 하느님의 바람을 한 시편에서는 다음과 같이 표현한다.

> 너의 제사 때문에 너를 벌하려는 것이 아니니
> 너의 번제야 늘 내 앞에 있다.
> 나는 네 집에 있는 수소도,
> 네 우리에 있는 숫염소도 받지 않는다.
> 숲속의 모든 동물이며
> 수천 산들의 짐승이 내 것이기 때문이다.
> 나는 산의 새들을 모두 안다.
> 들에서 움직이는 생물들도 내게 속한 것들이다.
> 나 비록 배고프다 하여도 네게 말하지 않으리니
> 누리와 그를 채운 것들이 나의 것이기 때문이다.
> 내가 황소의 고기를 먹고
> 숫염소의 피를 마시기라도 한단 말이냐?
> 하느님에게 찬양 제물을 바치고
> 지극히 높으신 분에게 네 서원을 채워 드려라.
> 그리고 불행의 날에 나를 불러라.

나 너를 구하여 주고 너는 나를 공경하리라.

악인에게는 하느님께서 이렇게 말씀하신다.

"너는 어찌하여 내 계명들을 늘어놓으며

내 계약을 네 입에 올리느냐?

훈계를 싫어하고

내 말을 뒤로 팽개치는 너이거늘."(시편 50,8-17)

주 하느님께서는 '**당신 자신**'을 위해서가 아니라 우리를 위해서 희생 제사를 제정하셨음을 분명히 하신다. 하느님께서는 배고프거나 목마르지 않으시다. 실제로 그분께서는 당신께 바쳐진 제물을 드시지 않으셨다. 제물을 바치는 행위는 상징적이었다.

이어진 시편에서 다윗 임금은 하느님께서 "제사를 즐기지 않으신다는"(시편 51,18) 것을 알아차렸다. 하느님께서는 당신의 선택된 백성에게 치욕을 선사하는 것이 아니라, 자신의 삶을 바치고 죄에서 돌아서서 다시금 계약에 따라 사는 법을 배우도록 희생 제사를 가르치셨다. "하느님께 맞갖은 제물은 부서진 영, 부서지고 꺾인 마음."(시편 51,19)

그렇기에 첫 번째 파스카에서 하느님께서 의도하신 바는 단순히 이스라엘 백성을 이집트 종살이에서 해방하는 것만을 가리키지 않는다. 주님께서는 그들이 죄에서 해방되어 자신의 생명을 바치길 바라셨다. 하지만 시편을 통해 알 수 있듯이, 주님께서 참으로 바라시는 것을 사람들은 쉽게 잊어버린다.

'파스카 양이신 그리스도'께서 희생 제물로 바쳐졌을 때, 그분께서는 '다 이루어졌다'고 말씀하시고 숨을 거두셨다. 예수님께서 숨을 거두실 때 성전 휘장이 두 갈래로 찢어졌다(마태 27,51 참조). 성전이 열리고 옛 예형이 가리키는 것들이 실현되었다. 이 새로운 파스카 신비와 함께 이제껏 행해진 희생 제사라는 체계는 그 유용성을 다했다.

4장

뒤바뀐 예식

신학교를 다니는 동안 나는 놀기 좋아하는 학생이라는 인상으로 비치길 원하지 않았다. 실제로 그렇지도 않았으며, 내 호기심을 마음껏 발산할 수도 없었다. 고든 콘웰 신학교의 교육 과정은 까다로웠고, 나는 그저 열심히 공부해야 했던 학생일 뿐이었다. 기말고사가 시작되고 학기가 끝나 갈 무렵, 나는 시험 준비와 과제에 집중했고 나의 교수이자 목사가 던졌던 질문에 대한 흥미는 잠시 접어 두었다. 나는 파스카에 관한 주제를 다룬 책들을 도서관에 반납하면서, 훗날 다시금 이 문제를 다루기를 바랐다.

3년 후 나는 신학교 생활을 마쳤고, 버지니아주 페어팩스에 있는 트리니티 장로교회에 채용되었다. 그리고 장로교 목회자가 되었다. 그곳에는 설교대가 있었으며, 강의실도 있었다. 매사추세츠 주에서 만났던 목사처럼, 나는 학구적이면서도 목회적인 삶을 살고자 했다. 학문적인 연구를 계속하고 싶었으며, 이를 실생활에 적용하고 싶었다.

목사들은 자신의 관심 분야를 설교대에서 꺼냈기에, 나도 나의 관심 분야를 펼쳐 보였다. 계약에 대한 나의 관심은 신학교를 졸업했다고 해서 꺼지지 않았다. 오히려 다른 이들을 가르칠 기회와 매주 설교할 기회를 갖게 된 지금, 그 관심은 더욱 커져 갔다.

게다가 나는 목사로서 세례를 주고 '주님의 만찬'을 주도할 의무가 있었다. 장로교는 일반적으로 가톨릭, 정교회, 성공회에서 거행하는 화려한 전례를 거부했지만, 칼뱅이 인정한 유일한 성사인 세례와 주님의 만찬은 거행하고 있었다.

고든 콘웰 신학교의 교수들에게서 배웠듯이, 세례는 계약의 관계로 들어서는 전형적인 방법이었다. 예수님께서는 제자들에게 세례를 베풀라고 명령하셨고(마태 28,19 참조), 제자들은 그 명령을 충실하게 이행했다(사도 2,41; 8,36-38; 18,8 등 많은 구절에서 이를 확인할 수 있다). 예식은 믿는 이들에게 새로운 삶, 곧 하느님과 맺는 새로운 관계를 나타냈다. 이전에 할례는 남자들이 하느님과 계약을 맺는 방식이었다. 더 나아가 성경은 할례라는 이러한 입문 예식을 두고 구약 성경의 계약이라고 정의 내린다. 첫 순교자였던 스테파노 부제는 유다교를 가리켜 '할례의 계약'(사도 7,8 참조)이라고 했다.

하지만 새 계약에서 세례는 이전에 할례가 차지했던 지위를 분명히 지닌다. 바오로 사도는 이 연결성을 다음과 같이 밝힌다.

여러분은 또한 그분 안에서 육체를 벗어 버림으로써, 사람 손으로 이루어지지 않는 할례 곧 그리스도의 할례를 받았습니다. 여러분은 세례 때에 그리스도와 함께 묻혔고, 그리스도를 죽은 이들 가운데에서 일으키신 하느님의 능력에 대한 믿음으로 그리스도 안에서 그분과 함께 되살아났습니다.(콜로 2,11-12)

그렇다면 세례는 '그리스도의 할례'며, 이제 그리스도를 따르는 이들이 받는 것이다. 할례가 옛 계약의 인호이듯 세례는 새 계약의 인호다. 이는 성경에 나오는 이야기로서 회중들의 귀에 못이 박히도록 설교대에서 들려주었던 내용이다.

세례가 새 계약의 인호라면, 주님의 만찬은 무엇일까? 예수님 수난 이전의 마지막 만찬을 재현한다는 점을 어떻게 이해해야 할까? 그리고 이를 어떻게 설교해야 할까? 이 문제는 단순히 학문적 관심 이상의 주제였다. 이 문제는 더 이상 나의 호기심이나 도서관 대출

기록에 의해서가 아니라 다른 사람들의 영혼을 돌보기 위한 마음으로 함께하게 되었다. 나는 계약에 대해서 회중들이 더 깊이 이해하도록 이끌었다. 왜냐하면 계약이야말로 참된 그리스도인으로서의 삶을 체험하고 살아 내는 데 필수적이라고 생각했기 때문이다.

주님의 만찬에 대한 첫 설교를 준비하면서, 신학교에서 공부했던 것들을 다시금 떠올릴 수 있었다. 일부 개신교 교회는 주님의 만찬 예식을 매주 거행했지만, 그 당시 우리 교회는 그렇게 하지 않았다. 하지만 나는 성경의 맥락 아래에서 이 예식이 무엇을 뜻하는지 회중들이 깨닫기를 바라고 있었다.

그래서 나는 노트에 적기 시작했다. 만약 세례가 계약의 인호라면, 주님의 만찬은 계약을 갱신하기 위한 수단일 것이라고 적었다. 우리 그리스도인 각자가, 그리고 모든 이가 공동체적으로 하느님의 가족, 그분 백성에 대한 소속감을 재확인하고 견고하게 하기 위한 방식이라고 말이다.

복음서가 유일하게 '계약'이라는 단어를 사용하여 예수님의 사건을 기록한 장면이 바로 이 예식을 제정할 때였기에 나에게 크게 다가왔다.

또 잔을 들어 감사를 드리신 다음 제자들에게 주시니 모두 그것을 마셨다. 그때에 예수님께서 그들에게 이르셨다. "이는 많은 사람을 위하여 흘리는 내 계약의 피다."(마르 14,23-24)

이 단어는 신약의 다른 부분에서도 나타나지만, 복음서에서 그리고 예수님께서 직접 하신 말씀에서는 단 한 번 표현된다. 만약 이 계약이 내가 말한 것과 마찬가지로 성경을 중심으로 한 종교에서 중요한 위치에 있다면, 이 구절 또한 주요 구절이었을 것이다.

잔 속에 담긴 것이 무엇인지 정의를 내리며 예수님께서는 시나이 산에서 모세가 말한 그 말, "이는 주님께서 이 모든 말씀대로 너희와 맺으신 계약의 피다."(탈출 24,8)를 분명히 상기시켰을 것이다.

루카 복음서에서는 예수님께서 감사를 드리는 장면에서 하신 말씀을 더 자세히 기록한다. 예수님께서는 포도주가 담긴 잔을 가리키며 "내 피로 맺는 새 계약"(루카 22,20)이라고 선언하신 뒤, "너희는 이 잔을 마실 때마다 나를 기억하여 이를 행하여라."(1코린 11,25)라고 덧붙이신다. 이는 파스카와 관련하여 탈출기에서 밝힌 "이날이야말로 너희의 기념일"(탈출 12,14)이라는 말씀을 상기시킨다. 예수님께서는 '계약'과 '갱신'이라는 새로운 예식을 세우셨으며, 이를 이스라엘의 고대 예식의 맥락에서 행하셨다. 이 장면이 바로 파스카 만찬이었다.

여기서 무슨 일이 벌어졌을까? 그리고 설교할 때 이를 어떻게 설명해야 할까? 나는 계약의 용어를 사용했다. 첫 파스카 때, 하느님께서는 피의 계약을 통해 혈연관계를 맺으셨다. 파스카 예식은 이스라엘과 하느님 사이에 맺어진 혈육의 관계를 상징했다.

마지막 만찬 때, 예수님께서는 그 누구도 깨뜨릴 수 없는 절대적인 관계를 맺으신다. 그분께서는 영원하신 하느님의 아드님이시며, 이제 우리를 위하여 사람의 아들로 계신다. 예수님께서는 모세보다 한없이 위대하시다. 그렇기에 그분의 계약은 완전히 새로우며 더 큰 질서에 관한 것이었다. 백성들이 파스카 어린양을 먹기 위해 예루살렘에 모였을 때, 모세는 이스라엘 사람들 간의 친교와 하느님과 이루는 친교를 가져다주었다. 이제 만찬 때 예수님께서는 당신의 새 계약을 제정하심으로써, 그분의 '살'을 먹고 '피'를 마시려고 모인 이들이 친교를 이루는 교회를 설립하셨다.

여기서 '살'과 '피'를 강조한 이유는, 이것이 장로교 신자들에게는 단순히 상징을 가리켰기 때문이다. 최후의 만찬이 세상에서 가장 중요한 표지라고 할지라도 그저 표지였다. 표지로서만 가치를 지녔을 따름이었다.

파스카 만찬에서 쓰는 단어

설교를 준비하면서, 신학교에서 잠시 내려놓았던 연구를 다시금 시작한 나 자신을 발견할 수 있었다. 나는 전통적인 파스카 만찬을 연구함으로써, 예수님께서 취하신 행동이 지닌 본래의 맥락에 대해 더 많이 발견했다.

'파스카 예식의 만찬'은 '세데르seder'라고 불렸다. 그리고 파스카 만찬의 규정은 《하가다Haggadah》(랍비들이 기록이나 구전으로 된 율법의 권위 있는 해석으로 받아들여 후대에 전수한 규범과 결정을 가리킨다. — 역자 주)라고 알려진 문헌에 담겨 있다. 파스카 만찬의 기본 구조는 예수님 시대보다 훨씬 이전에 이미 정형화된 것으로 보인다. 사실, 복음서의 저자들은 독자들이 이미 파스카 만찬에 익숙하다고 가정한다.

파스카 만찬의 구조는 《미쉬나Mishnah》라는 200년경에 랍비들이 저술한 유다교 전승 모음집에서 발견할 수 있다. 《미쉬나》는 복음서의 내용을 확증하며, 복음주의자들이 당연하게 여기는 사항을 상세하게 알려 준다.

파스카 만찬은 네 과정으로 이루어진다.

먼저 예비 과정으로서 첫 포도주 잔을 들고 축문(키두시Kiddush)을 읽는다. 이후 쓴나물이 제공된다.

두 번째에서는 '소 알렐루야Little Hallel'(시편 113-114편, '할렐Hallel'은 '찬미'를 뜻한다)로 알려진 시편과 함께 파스카 이야기를 읽는다. 이후 두 번째 포도주 잔을 마신다.

세 번째에서는 양고기와 누룩을 넣지 않은 빵으로 구성된 주 요리를 먹으며, 이후 '축복의 잔'으로 알려진 세 번째 포도주 잔을 마신다.

파스카 만찬은 '대 알렐루야Great Hallel'(시편 115-118편)를 노래 부르면서 네 번째 포도주 잔을 마심으로써 절정에 다다른다.

《미쉬나》는 신약 시대에 바오로 사도의 스승이자(사도 22,3 참조), 예수님께서 사셨던 시대에 위대한 스승(사도 5,34 참조)으로 여겨진 랍비 가말리엘의 가르침에 따라 예식에 대한 지침을 제시한다. 가말리엘은 예식의 표지인 음식과 잔에 세심한 주의를 기울이며, 이는 반드시 큰 목소리로 설명해야 한다고 주장했다.

스승 가말리엘은 말했다. "파스카에 관하여 누구든지 희생 제사, 누룩 없는 빵, 그리고 쓴나물을 말하지 않는다면, 그는 파스카 잔칫날에 해야 할 의무를 다하지 않는 것이다."[6]

따라서 우리는 파스카 만찬이 침묵 속에서 행해진 것이 아님을 알 수 있다. 만찬을 주도하는 이(보통의 경우 가족의 가장, 혹은 공동체의 스승)는 관례적으로 식탁 위에 놓인 음식의 의미를 설명했다. 그는 누룩 없는 빵과 잔을 들어 올리고 보여 줄 뿐만이 아니라 이 세 가지 음식을 '설명할' 필요가 있었다. 즉 이 세 음식 사이의 관련성을 설명해야 했다. 만찬에 참여한 이들은 각 음식이 어떻게 첫 파스카를 기념하는지 이해해야 했다.

《미쉬나》에서 자주 언급하는 이 짧은 구절은, 복음서에서 드러나는 최후의 만찬 이야기에 대해 새롭게 깨닫게 했다. 예수님의 말씀과 행동은 신비롭지만 무엇인가 빠진 것처럼 보인다. 이전에 행한 파스카 만찬에 친숙한 이들에게는 몇몇 세부 사항, 곧 잔, 시편, 축복은 친숙하다. 그러나 다른 이들에게는 이상할 뿐만이 아니라 심지어 충격적으로 보였을 만한 부분도 있다. 예를 들어, 예수님께서는 빵을 두고 '당신의 몸'이라 하시고, 포도주를 가리켜 '당신의 피'라고 밝히신다.

그럼에도 이 모든 것은 이해할 수 있다. 식사를 주도하는 이는 식탁 위에 놓인 것을 '설명해야' 했다. 예수님은 새 파스카에 비추어 식탁 위에 놓인 것의 연관성을 설명하셔야 했다.

이미 많은 사람들이 최후의 만찬에 관한 복음서의 기록이 그리스도교 파스카의 기원에 대한 설화, 새 계약에 관한 이야기를 전해

주는 것처럼 보인다는 점을 알아차리고 있었다.

부족함에서 비롯된 깨달음

나는 이러한 연구를 회중에게 전달하기 위해 최선을 다했다. 주님의 만찬에 관한 나의 연구는 한 번의 설교로는 충분하지 않았다. 이후의 수많은 설교로 이어졌다. 이는 계약이 지닌 중요성에 대한 나의 믿음을 확인하는 것이었다. 하느님께서 무엇을 하셨는지, 어떻게 그러한 일을 하셨는지 알게 되자, 그들은 더 많은 것을 알고 싶어 했다. 그들은 나에게 질문했고, 그 질문들은 내가 연구를 더 깊이 하도록 이끌었다.

내가 목회하는 교회는 드물게 성찬식을 거행했다(1년에 네 번). 비참하리만큼 충분하지 않다는 생각이 들었다. 주일 예배가 계약의 관계를 새로이 하고 굳건하게 한다면, 왜 이러한 성찬식을 자주 거행하지 않는가? 나는 우리가 변해야 한다고 말했다. 실제로 나는 분기별 거행에서 주마다 성찬식을 거행하자고 제안했다. 이러한 제안은 몇몇 사람에게는 호기심을, 다른 이들에게는 큰 불안을 가져다주었다.

나는 성경의 많은 구절을 이용하여 예배의 순서를 채워 가기 시작했다. 만약 복음서의 이야기가 내가 믿었던 바대로 '하가다'(규범)라면, 파스카를 새로이 기념할 때마다 이를 지침으로 사용해야 한다. 우리는 예수님의 마지막 예식에 관한 이야기를 전하고 그분의 행동을 본받아야 한다. 그러기에 우리의 주일 예배는 새로운 형태, 새로운 장엄함으로 시작했다.

그 당시에 나는 이러한 예식을 하는 것이 가톨릭 교회의 관습과 비슷하다고 여기지 않았다. 만약 누군가 그때 나에게 그렇게 말했더라면, 나는 깜짝 놀랐을 것이다. 나는 신학적으로 확고하게 반가톨릭주의자였고, 편견에 사로잡힌 채 아주 열렬히 가톨릭을 반대하고 있었다. 어쨌든, 단 한 번도 미사에 참석한 적이 없었기에, 로마 가톨릭으로부터 어떠한 관념도 가져오지 않았다. 나는 모든 것을 성경에서 인용했다. 만약 가톨릭 신자들의 관점이 옳다면, 이는 그들의 공로가 아니라 우리의 수치일 뿐이었다.

회중 가운데 가톨릭 신자였다가 개신교로 개종한 이들도 있었다. 그들은 나의 이야기를 믿지 않았고, 나의 '로마 교회'적인 성향을 경고했다. 내가 그들에게 제안한 것들이 더 이상 다니지 않는 옛 교회(가톨릭)와 비슷해지기 시작했다고 그들은 지적했다.

나는 그들의 지적을 진지하게 받아들였다. 그리고 후속 조치를 취했다. 모든 이가 제기한 문제는 책을 더 많이 읽도록 이끌었다.

성경부터 시작해서, 고전적인 주석서들을 참고했다. 또한 랍비들의 작품과 고고학과 관련된 저술들을 탐구하기 시작했고, 이로 인해 1~4세기에 걸친 고대 그리스도교 저자들, 곧 교부들의 작품을 광범위하게 살피게 되었다.

이 자료에서 지금 하는 주일 예배의 변화를 늦출 만한 그 어떠한 것도 찾지 못했다. 사실 알면 알수록, 하느님께서 나에게 맡기신 사람들에게 이를 알리고 싶었다. 이것이 나에게는 사역의 길로 부름받은 이유였다. 내가 목사가 된 이유이자 나의 기쁨이었다. 사람들의 얼굴에서, 그리고 교회의 계단에서 나누었던 수많은 대화에서 나 혼자만 이를 즐기고 있지 않음을 나는 깨달을 수 있었다.

사람들은 계약에 대한 의미를 새로이 발견하고 더욱 계약에 초점을 맞춘 예배를 통해 새로운 삶을 깨닫게 되었다.

실패한 파스카?

내가 맞닥뜨려야 했던 가장 심각한 이의를 제기할 때가 됐다. 왜냐하면 이것이 내가 했던 연구의 전제 조건에 영향을 미쳤기 때문이다.

20세기를 지나면서 비판적인 성향의 학자들 사이에서는 최후의 만찬이 파스카 만찬이 아니라고 보는 경향이 있었다. 이 이론에 따르면, 최후의 만찬은 파스카 축제 날이 가까운 때에 거행되었으나 파스카 만찬은 아니라는 것이었다.

이러한 비평가들이 옳다면 파스카에 담긴 심오한 의미, 맥락, 그리고 계약의 내용에 대한 나의 연구는 틀린 것이다. 만약 그들의 의견이 맞는다면, 나는 교회 주일 예배에서 파스카적인 부분을 굳이 더 드러낼 필요가 없을 것이다.

나는 학자들의 연구 결과가 대부분 틀림없다는 것을 알고 있었다. 또한 그러한 학문적 성향이 진실성이나 합의를 보장하지 않는다는 점도 알고 있었다. 하지만 이 문제를 심각하게 여겼다. 만약 그들이 옳고 내가 틀렸다면 그 이유를 알고 싶었다. 나는 회중을 그릇된 길로 이끌고 싶지 않았다. 올바른 길을 걸어가고자 하는 마음이 나에게 강한 동기 부여가 되었다.

5장

복음서에서 드러나는 파스카의 모습

21세기를 살아가는 우리는 스스로를 영리하고 재빠른 소비자로 여기면서, 역사마저도 빠르게 소비하려 한다. 우리는 전통에 회의적이다. 우리는 증거를 입증할 높은 차원의 준거점을 스스로 가지고 있다고 여긴다. 이와 관련하여 자주 볼 수 있는 현상이 신약 성경에 대한 내용을 반증하는 기사와 텔레비전 특집이다. 이러한 내용을 다루는 매체는 사순 시기 중반부터 나타나 성주간에는 급속하게 늘어난다. 이는 어쩌면 세속적인 형태의 '전례'로서 나름대로 주장이 있으며 권위에 호소하고 담론을 형성하고자 하는 목적이 있다. 그 대상 중 하나가 바로 최후의 만찬이 지닌 파스카적 성격에 대한 문제 제기였다.

불과 몇 년 전, 이러한 내용을 담은 헤드라인 뉴스가 떴다. "최후의 만찬 — 파스카 만찬인가?"[7] 뉴스에서 내릴 부정적인 결론에 다다르기 전, 전문가들의 회의적인 주장이 나열되었다.

이것은 뉴스거리도 아니었고, 새로운 화제도 아니었다. 내가 목회자였던 그 오랜 세월 동안 학계와 언론에 이미 정립된 형태였다. 1984년 유다인 학자 바룩 복서Baruch Bokser는 최근의 연구를 요약하여 이런 결론을 내렸다. "현재의 학문 풍토는 최후의 만찬을 파스카 만찬으로 규정하는 데 반대하는 경향이 있다."[8]

그러나 신약 성경의 저자들은 어떠한 의문도 품지 않았던 것으로 보인다. 회의론자들이 최초로 저술된 복음인지 또는 믿을 만한 내용을 담고 있는지 물음표를 붙이는 마르코 복음서에서는 분명하게 증언한다. 곧, 복음사가는 최후의 만찬이 "무교절 첫날, 곧 파스카 양을 잡는 날"(마르 14,12)에 거행되었다고 밝힌다. 제자들도 예수님께 이렇게 물었다. "스승님께서 잡수실 파스카 음식을 어디에 가서 차리면 좋겠습니까?"(마르 14,12) 예수님께서도 당신의 행위를 두고 똑같은 용어로 표현하신다. "내가 제자들과 함께 파스카 음식을 먹을……."(마르 14,14) 이것으로도 충분치 않다고 여겼기에, 복음서에서는 더 확실하게 밝힌다. "제자들이 떠나 도성 안으로 …… 그리하여 그들은 파스카 음식을 차렸다."(마르 14,16) 5절에 걸쳐 마르코 복음서에서는 최후의 만찬이 일어난 날짜를 네 번이나 밝힌다.

사실 마태오, 마르코, 루카, 세 복음서는 놀랍도록 비슷하게 최후의 만찬을 드러낸다. 세 복음서는 예수님 공생활에서 벌어지는 모든 사건을 면밀히 살핀다. 이러한 이유로, 학자들은 이 세 복음서를 가리켜 '함께 바라보다'는 뜻의 그리스어에서 파생된 '공관 복음서Synoptic Gospels'로 명명한다. 복음서들의 내용이 서로 다른 경우는, 대개 다른 복음사가들이 생략한 내용을 어느 한 복음사가가 세부적으로 그려 낼 때다. 예를 들어, 오직 루카 복음서에서만 제자들에게 하신 예수님의 말씀을 전한다. "내가 고난을 겪기 전에 너희와 함께 이 파스카 음식을 먹기를 간절히 바랐다."(루카 22,15) 마태오 복음서에서만 전하는 예시도 있다. 최후의 만찬이 있기 전날, 예수님께서는 다음과 같이 예견하셨다. "너희도 알다시피 이틀이 지나면 파스카인데, 그러면 사람의 아들은 사람들에게 넘겨져 십자가에 못 박힐 것이다."(마태 26,2)

복음서들이 중요하게 여긴 특정한 사항에는 차이가 있지만, 세 복음서에서는 모두 최후의 만찬이 파스카 만찬이었다고 언급한다.

그렇다면 무엇이 문제일까? 비평가들은 몇 가지 문제를 지적한다.

우선 이 이야기들은 파스카 만찬에 반드시 필요한 몇 가지 메뉴를 언급하지 않았다. 우리는 쓴나물이나 희생 제물로 바칠 어린양에 대한 어떠한 언급도 찾을 수 없다. 만약 그러한 메뉴에 대한 언급이 없다면, 그리고 예수님께서 이러한 것들을 말씀하지 않으셨다면, 최후의 만찬은 가말리엘이 밝힌 합법적인 파스카 거행에 필요한 세 요소 중 두 요소를 이행하지 못한 것이다.

비평가들은 또한 제자들이 그들의 스승에게 규정된 대로 질문을 하지 않으며, 스승 역시 탈출기의 내용을 이야기하지 않았다는 점도 지적한다. 이러한 세부 사항들이 복음서에 빠져 있긴 하지만, 그렇다고 해서 최후의 만찬에서 이것이 빠져 있다고 말할 수도 없다. 사실 복음서는 우리에게 완전한 사실을 전달하지 않는다. 예를 들어, 루카 복음서에서는 마리아의 정결례와 예수님을 성전에서 바치신 장면을 아주 짧게 기술한다(루카 2,22-24 참조). 비슷한 방식으로, 예수님께서 회당에서 가르치시는 장면의 전례적인 맥락을 거의 설명하지 않는다(루카 4,16-27 참조).

특별히 공관 복음서에서 전하는 이야기들은 상세하지 않다. 복음사가들은 독자들이 유다인의 관습에 친숙하다고 추측할 따름이다. 따라서 그들은 파스카 만찬이 유다교의 정결례와 회당에서 이루어지는 예식과 마찬가지로 설명할 필요가 없었다고 추정한다.

파스카 만찬에 필요한 요소가 누락되었다고 해서, 파스카 축제

날 저녁에 최후의 만찬을 거행했다는 사실을 부정할 근거가 되지는 않는다. 그러나 이러한 누락은 비평가들이 가장 중요하게 생각하는 문제는 아니다.

최후의 만찬은 언제 거행되었을까?

세 복음서 외에 네 번째 복음서가 있다. 바로 요한 복음서다. 요한 복음서는 다른 복음서가 지닌 '공통적인' 관점과는 거리가 멀다. 요한 복음서는 공관 복음서에서 다루지 않는 몇 가지 일화를 다룬다. 그리고 다른 복음서와 같은 입장을 취하다가도 때때로 다른 각도로 접근한다. 요한 복음서는 다른 복음서에 결여된 내용을 세세하게 전한다.

요한 복음사가는 예수님 수난 사화의 시간적 순서에 중대한 문제를 제기한다. 그는 다른 복음서에서 당연하게 여긴 시간을 반박하는 듯하다. 마태오, 마르코, 루카 복음서에서는 최후의 만찬이 무교절 첫날 밤, 곧 파스카 축제에 열렸다고 명확히 가리킨다. 그러나 요한 복음서에서는 예수님께서 사형 선고를 받으셨던 때가 '파스카 축제 준비일'(요한 19,14.31 참조)이라고 밝힌다. 만약 준비일에 예수님께서 돌아가셨다면 로마인들은 정오, 곧 '낮 열두 시쯤'(요한 19,14

참조) 그분께 사형을 선고했을 것이다. 만약 요한 복음서에서 언급한 내용이 맞는다면, 예수님께서는 예루살렘에서 파스카 예식이 시작되기 몇 시간 전에 돌아가신 것으로 볼 수 있다. 그렇다면 예수님께서는 2층 방에서 파스카 만찬을 가질 수 없었을 터다.

이는 그럴 듯해 보인다. 그러나 보이는 그대로가 전부는 아니다.

우리는 초세기 그리스도인들이 이 두 내용이 명백하게 일치하지 않는다는 점을 알고 있었으며, 이 두 기록을 모두 보존했다는 점을 알 수 있다. 20세기 프랑스 학자 아니 조베르Annie Jaubert 교수는 설득력 있는 이유를 제시하면서 공관 복음서와 요한 복음서에서 발견되는 두 연대기를 모두 받아들여야 한다고 믿었다.[9] 조베르 교수의 결론은 독일 주석 학자 오이겐 룩스툴Eugen Ruckstuhl에 의해, 그리고 최근에는 미국 노트르담 대학교의 제임스 판데어캄 James VanderKam에 의해 입증되었다.[10]

조베르 교수는 최근에 발견된 사해 문서를 살펴본 후, 1세기 유다교가 단일한 종교 예배 형태를 지니지 않았다고 증명했다. 바리사이, 사두가이, 에세네파, 그리고 열혈당원 등 다양한 분파가 있었으며, 이들을 구분하는 방법은 바로 축제를 지내는 시기에 있었다. 사해 문서를 작성한 이들은 예루살렘 사제들이 따르는 음력이 아니라 태양력을 따랐다고 전해진다. 음력을 따르는 유다인들에게 예수

5장 복음서에서 드러나는 파스카의 모습 73

님께서 돌아가신 해에 지낸 파스카는 화요일이었을 것이고, 성전의 사제들에게는 그다음 토요일이었을 것이다.

나아가, 조베르 교수는 초세기 교회가 성금요일 전날이 아니라 그전 화요일에 거행된 최후의 만찬을 기념한 것에 주목했다. 이 전통은 3세기에 쓰인 《사도 전승 *Didascalia Apostolourm*》이 기록된 시리아 문헌에 담겨 있었다. 따라서 예수님 시대의 언어와 문화와 가장 가까웠던 초세기 그리스도인, 곧 아람어로 말하고 글을 쓰던 이들은 화요일에 파스카를 지내는 것을 지켜 왔다고 볼 수 있다.

조베르 교수의 제안은 최후의 만찬이 벌어진 날짜가 불일치하는 문제를 해결해 준다. 그뿐만 아니라 네 복음서에 조화를 가져다 준다. 곧, 목요일 저녁 만찬과 금요일 정오에 일어난 십자가형 사이에 어떻게 그렇게 많은 사건이 일어났는지에 대한 의문을 해결해 준다. 고대부터 그리스도인들은 이 질문에 고심해 왔다. 복음서에 따르면 예수님께서는 다른 재판관 다섯 명(한나스, 카야파, 빌라도, 헤로데, 최고의회 의원들) 앞에서 다섯 번 재판을 받았고, 이 재판은 연대기상 예수님께서 체포되셨을 시점부터 시작해서 십자가형 집행 시점 사이에 일어났다. 자정이 지난 후 몇 시간 동안 이렇게 많은 일이 어떻게 일어날 수 있었는지 이해하기 어렵다. 하지만 우리가 발견했듯이, '화요일부터 금요일까지'라는 시간의 범주에서 이 사건들이 일어났다는 것이 훨씬 더 설득력이 있다. 곧, 화요일에 최후의 만찬, 수요일에 유다인들의 재판, 목요일에 로마인들의 재판, 그리고 사형 선고와 십자가형은 금요일에 일어났다고 보는 관점이다.[11] 이는 사실 《사도 전승》에서 밝히는 순서이기도 하다(베네딕토 16세 교황은 2007년 4월 5일 주님 만찬 성목요일 미사 강론 때 이 연대기를 다시금 언급했다).

최후의 만찬이 과연 파스카 만찬일까?

이러한 분야의 연구는 우리가 지닌 불확실성만 명확하게 만들 뿐이었다. 우리가 결론에 이르렀을 때에는 적어도 겸손한 자세가 요구된다. 세 복음서의 증언이 틀렸다는 확신에 찬 주장은 정당성을 지니지 못하는 것처럼 여겨졌다. 마태오, 마르코, 루카 복음서에서는 최후의 만찬이 파스카 만찬임을 분명하게 밝힌다. 나는 젊은 목사이자 학자로서 이러한 복음사가들의 주장을 거부할 만한 강력한 근거를 찾지 못했다. 이후 35년간 이어진 연구에서도 내 마음을 바꿀 새로운 것은 나타나지 않았다.

버지니아주 페어팩스에서 설교를 준비하면서, 나는 20세기 중반의 저명한 독일 개신교 주석 학자인 요아힘 예레미아스Joachim

Jeremias에게서 영감을 깊이 받았다. 예레미아스는 최후의 만찬에 관하여 기념비적인 연구를 했고 최후의 만찬이 파스카 만찬일 가능성이 높다고 했다. 예레미아스는 예수님과 제자들이 가진 만찬이 고대의 전형적인 파스카 만찬과 일치한다는 점을 열네 가지 방식으로 제시하며 연구를 요약했다.[12]

첫째, 최후의 만찬은 예수님께서 당신 제자들과 순례하러 올라가신 예루살렘에서 이루어졌다.

둘째, 최후의 만찬은 파스카 축제를 지내기 위해 예루살렘으로 올라온 순례객들이 묵는 일반적인 장소였던 빌린 방에서 이루어졌다.

셋째, 최후의 만찬은 해가 진 이후에 행해졌다.

넷째, 랍비가 그러했듯이, 예수님께서는 당신 제자들과 함께 식사를 하셨는데, 최후의 만찬에서는 전통에 따라 필요한 음식보다 열 가지 이상 더 많이 차렸다.

다섯째, 식사를 마친 이들은 비스듬히 기대었다(축제가 아닌 식사 때는 보통 앉아 있었다).

여섯째, 그들은 (발을 씻음으로써) 예식에 따라 몸을 깨끗이 했다.

일곱째, 그들은 식사를 시작할 때뿐만 아니라, 식사 중간에도 빵을 쪼갰다(파스카 특유의 풍습이었다).

여덟째, 그들은 포도주를 마셨다.

아홉째, 포도주는 적포도주를 사용했다.

열째, 식사는 서둘러 준비되었다.

열한째, 그들은 자선을 베풀었다.

열두째, 그들은 찬미가를 불렀다.

열셋째, 이후에 그들은 예루살렘에 머물렀다.

열넷째, 예수님께서는 메뉴에 있는 모든 항목에 담긴 상징성을 해석해 주셨다.

예레미아스는 학술적으로 준엄하고 풍부한 자료를 기반으로 이 긴 항목을 변호한다. 이 목록에 관한 설명만 해도 저자의 책 3판에서 거의 20페이지를 차지한다. 이것이 최후의 만찬이 파스카 만찬이었다는 점을 증명하지는 못한다. 적어도 일부 비판적인 학자들에게는 그렇다. 그러나 예레미아스의 이러한 논리는 공관 복음서의 일관된 주장을 변호하고, 그 주장이 믿을 만하다는 근거를 제시한다.

가톨릭 교회는 이러한 사실을 이미 발견했다. 《가톨릭 교회 교리서》는 고전적인 성경 주석 전통에서 비롯된 합의점을 분명히 설명한다. "예수님께서는 파스카 식사 중에 당신 사도들과 최후의 만찬을 거행하시면서 유다인들의 파스카에 결정적인 의미를 부여하셨다."(《가톨릭 교회 교리서》, 1340항) 베네딕토 16세 교황은 2007년에 반포한 교황 권고 〈사랑의 성사〉에서 '파스카의 참 어린양'이신 예수 그리스도께서 '피를 쏟아 맺으시는 새롭고 영원한 계약'[13]을 설명한다. 성체성사를 제정하신 이유를 설명하면서 교황은 다음과 같이 밝힌다. "성체성사의 제정은 이스라엘 백성이 이집트의 종살이에서 해방된 근원적인 사건을 기념하는 예식의 식사 안에서 이루어졌습니다." 이는 곧 파스카 만찬이었다. "이 예식의 식사는 과거에 대한 기념이었지만, 앞으로 올 해방을 선포하는 예언적 기념이기도 했습니다."[14]

새 모세, 새 탈출

나는 구원의 절정이라고 여길 수 있는 하느님 당신의 새 계약 제정을 파스카 축제 때로부터 시작되는 것이 적절하다고 여겼다. 복음서에서는 (비록 명백하지 않더라도) 축제를 그러한 계약이 맺어지는 적절한 때와 장소로 보이게 만든다. 파스카 축제는 하나의 사건이 벌어진 시간을 나타내기 위해 우연히 사용된 세부 요소라 여길 수 없다. 파스카 축제는 모든 복음서에서 반복해서 이야기하는 주제이기 때문이다.

　이는 예수님 삶에서 일어난 수많은 극적인 순간을 설명하기 위한 설정이기도 하다. 예수님께서는 열두 살 때 부모와 떨어지게 되셨고, 부모는 예수님을 찾기 위해 사흘 동안 돌아다닌 후에야 예수님을 찾을 수 있었다고 전한다(루카 2,41-46 참조). 사흘 동안 무덤에 묻혀 계심을 나타내는 분명한 예시다. 예수님의 성전 정화 사건은 파스카 축제 날에 벌어졌으며(요한 2,13-17 참조), 또 다른 파스카 때에는 빵과 물고기를 많게 하는 기적을 일으키며, 생명의 빵을 주겠다고 약속하셨다(요한 6,4 이후 참조). 요한 복음서에서는 세 번의 파스카 축제를 기둥으로 삼아, 예수님 공생활의 햇수를 가리킨다(요한 2,13; 6,4; 11,55; 13,1 참조).

　파스카라는 주제는 각기 다른 방식으로 펼쳐진다. 모든 복음서에서는 예수님을 새로운 모세로, 그분의 구원을 새로운 탈출기로 그려 낸다. 복음서에서는 예수님의 삶이 모세의 삶과 비슷하다는 점에 주목했다. 모세와 예수님 모두 영아를 학살하라는 명령을 내린 잔혹한 폭군의 위협을 받는 특별한 환경에서 태어났다. 예수님의 가족이 피난을 떠날 때, 그들은 이집트로 향했다. 이는 예수님께서 탈출기의 발자취를 다시금 따라가시기 위함이었다. "주님께서 예언자를 통하여, '내가 내 아들을 이집트에서 불러내었다.' 하신 말

씀이 이루어지려고 그리된 것이다."(마태 2,15)

모세도, 예수님도 모두 40일 동안 단식했다(탈출 34,28; 마태 4,2 참조). 그리고 특별한 '법'을 산 위에서 전했다. 모세의 경우 시나이 산에서 십계명을 알렸으며, 예수님께서는 산 위에서 설교하셨다. 예수님께서는 빵을 많게 하신 당신의 기적을 두고 광야에서 내렸던 만나에 비견하셨다(요한 6,49 참조). 또 다른 표지는 모세가 구리 뱀을 들어 올린 것에 견주어, 당신의 죽음이 가져다줄 구원을 가리키신 데 있다(요한 3,14 참조).

예수님께서는 함축적으로 당신 자신을 법을 제시하는 이(마르 10,2-9 참조)와 중재자로서 모세에 견주셨다. 모세가 옛 계약의 중재자라면, 예수님께서는 당신의 피로 축복을 내리시는 새 계약의 중재자시다(탈출 24,8; 마태 26,28 참조).

루카 복음서에서는 예수님의 변모 장면에서, 미묘하지만 중요한 방식으로 모세와 예수님을 연결시킨다. 복음서에서 이 구절에 탈출이란 의미를 지닌 그리스어 '엑소도스exodos'가 유일하게 등장한다.

루카 복음서에는 예수님께서 모세와 엘리야와 함께 '영광에 싸여 나타났다'며, '예수님께서 예루살렘에서 이루실 일, 곧 세상을 떠나실 일exodus'에 대해 말씀하고 계셨다고 기록되었다(루카 9,31 참조). '엑소도스'는 영어로 '떠남' 혹은 '죽음' 등 다양하게 번역하지만,

본래의 그리스어 단어는 흔치 않았다. 복음서에서는 이를 이스라엘 역사의 위대한 사건임을 일깨우기 위해 의도적으로 사용했을 것이다. 루카 복음사가는 예수님께서 '예루살렘에서 이루셔야' 할 '세상을 떠나실 일'에 대해 밝히고자, 복음서에 기록된 대로 예수님의 마지막 파스카, 곧 제자들과 함께 나누셨던 만찬 예식의 장면을 설정했다는 점을 나는 믿게 되었다.

6장

보라, 어린양이시다

최후의 만찬에 관한 비그리스도교 학자들의 연구 중에서 흥미로운 점을 발견할 수 있다. 그들은 대부분의 그리스도인들이 놓치고 있는 '생략된 것'을 자주 언급한다. 만약 최후의 만찬이 파스카 만찬이라면, 제자들은 어린양으로 요리한 고기는 어디 있느냐고 물어야 한다. 결국 어린양은 파스카와 가장 밀접하게 연관된 것임이 틀림없다. 신약 성경과 《탈무드》에 담긴 후기 랍비 문헌에서 그리스어 '파스카'와 히브리어 '페사흐'는 축제일이나 희생 제물 혹은 두 가지 모두를 가리킬 수 있었다.

그리스도인들에게 최종적이고도 결정적인 어린양은 바로 예수님이시다. 구약에서 예형으로 나타나는 첫 파스카 어린양과 이후 희생 제물로 바쳐진 수많은 어린양은 예수님에게서 완성된다. 그러므로 당신의 현존은 식탁 위에 차려야 할 어린양 고기의 필요성을 없애 버린다.

하지만 어떻게 이를 알 수 있을까? 언제부터, 그리고 왜 그리스도인들은 예수님을 어린양으로 알아보았을까?

답을 찾아가면서, 공관 복음서와 요한 복음서가 기묘하게 서로 보완하는 모습을 볼 수 있었다. 어느 한 복음서에서 함축적으로 나타나는 것이 다른 복음서에서는 분명하게 나타난다. 마태오, 마르코, 루카 복음서에서는 어린양에 대해 이야기하지 않는다. 그러나 파스카 예식에 대한 언급이 전혀 없는 요한 복음서에서는 예수님을 '어린양'이라고 거듭 가리킨다. 이러한 신원에 대한 표현은 신약 성경 내 다른 책인 바오로, 베드로, 요한의 서간에서도 등장한다. 그러나 가장 잘 알려진 예시는 바로 요한 복음서 서문에 있다. 사실 요한 복음사가에게 이것은 예수님을 독자들에게 소개하는 방식이었다.

요한 복음서에서는 영원하신 말씀, 영원히 성부와 함께 계시는 아드님에 대한 신학적 진술로 서문을 표현했다. "한처음에 말씀이 계셨다. 말씀은 하느님과 함께 계셨는데 말씀은 하느님이셨다."(요한 1,1) 후에 말씀은 인간의 육신을 취하시어 사람이 되시어 역사에 들어오신다. 그리고 유다 광야에서 외쳤던 예언자 요한 세례자만 그분을 알아차린다. 사람들이 예수님을 처음 봤을 때, 그분께서는 요한 세례자에게 가시는 중이었다. 그러자 요한 세례자는 예수님을 두고 이렇게 말한다. "보라, 세상의 죄를 없애시는 하느님의 어린양이시다."(요한 1,29) 하루가 지난 뒤 다시 지나가시는 예수님을 두고 말했다. "보라, 하느님의 어린양이시다."(요한 1,36)

예수님이 대중들에게 처음 알려지시기 시작했을 때, 군중들은 그분을 하느님의 어린양이라고 여겼다. 예수님은 어린양이시다. 성경과 예배 그리고 예술에서 수천 년 동안 반복해서 표현되었기에 이 구절이 그저 평범하다고 여길 수 있다. 하지만 요한 세례자의 청중에게 이는 이상하게 여겨졌을 것이다. 실제로 그리스도교가 세상의 주요 종교가 되기 이전의 모든 세대에게 이와 같은 호칭은 이상하게 여겨졌을 것이다.

유다인이 대부분이었던 요한 세례자의 청중은 이러한 칭호를 분명히 희생 제사와 연관시켰을 것이다. 그들은 죄를 없애는 희생양이라는 관념에 익숙했다. 하지만 이러한 작은 동물이 아니라 한 사람에게 칭호를 붙인다는 점은 어떠한 의미가 있을까?

파스카 양을 요리하는 방법

예언자는 하느님을 대변한다. 구약 성경에서 예언자들은 시대의 징표를 확인하고 사건들과 사람에 대한 하느님의 심판을 선포했다. 예언자들의 신탁은 종종 혼란스러운 소식에 의미를 결정적으로 부여했다. 때때로 그들은 특정한 죄나 덕스러운 행위의 결과를 예언하면서 미래를 예측했다.

그리스도교 전통에 따르면, 요한 세례자는 이 범주에 속한다. 그는 새로운 시대로 향하는 전환을 이끄는 인물로서, 새 계약을 가리키는 구약의 마지막 예언자였다. 그가 예수님을 '하느님의 어린양'이라 부를 때, 그 의미는 모호했다. 그러나 예수님께서 하느님의 어린양이시라는 점은 당신의 이야기가 완전히 전해져야 그 뜻을 명확히 이해하게 되는 예견과 서술의 범주를 지닌다. 그리고 이 의미는 예수님의 마지막 파스카에 비추어 볼 때 명확해진다.

복음서에서는 요한 세례자가 수많은 청중을 매료시켰다고 전한다. 캐묻기를 좋아하는 사제와 레위인들(요한 1,19 참조), 그리고 바리사이(요한 1,24 참조) 또한 청중에 속해 있었다. 요한 세례자가 한 사람을 가리켜 '하느님의 어린양'이라고 불렀을 때, 그들은 무슨 생각을 했을까?

아마도 그들은 파스카를 떠올릴 수밖에 없었을 것이다. 죄를 씻는 어린양은 희생 제물로, 파스카 희생 제사와 가깝게 여겨졌다. 그래서 그들은 파스카 어린양을 떠올렸으며, 요한 세례자의 그러한 발언은 당연히 희생 제사와 관련된 상상을 하게 만들었다. 특히 매년 파스카에 어린양 25만 마리를 도살했던 사제와 레위인들에게는 더욱 그러했을 것이다. 그들에게 "보라, 어린양이시다." 하는 말은 희생 제사를 위해 제물을 바치는 것을 떠올리게 했을 것이다.

초기 랍비 문학에서 우리는 그들이 매년 파스카 때 무엇을 보았는지, 그리고 요한 세례자가 외치는 소리를 듣는 순간 무엇을 떠올렸을지 알 수 있다.

율법은 파스카 어린양을 통째로 구워야 하며, 삶거나 여러 부분으로 나누어 조리해서는 안 된다고 규정한다. 후에 해석가들은 양고기를 쇠꼬챙이에 꿰어 구워서는 안 된다고 덧붙였다. 왜일까? 고기가 금속에 닿으면 불에 구워지는 것이 아니라 금속에 의해 구워지기 때문이다. 같은 이유로 주석가들은 석류나무로 꼬챙이를 만들어야 한다고 규정하는데, 석류나무는 매우 건조하기에 나무가 지닌 습기로 인해 우연히 쪄지거나 삶아지는 일을 막을 수 있었기 때문이다.[15]

팔레스타인 지방 출신의 순교자 유스티노의 2세기경 작품에서,

그가 살았던 시대에 사마리아인들이 그리짐 산에서 행한 희생 제사의 준비 과정을 기술한다. 유스티노는 짐승을 나무 꼬챙이 두 개에 꽂혀 매단다고 표현했다. 한 꼬챙이는 어린양의 척추를 따라 꽂고, 다른 하나는 등을 가로지르게 꽂았다.

불에 구워지는 어린양은 십자가의 모습을 지닌다. 한 꼬챙이는 아래에서부터 머리까지 곧게 꿰뚫고, 다른 하나는 등에 가로놓아, 그 꼬챙이에 어린양의 다리가 고정된다.[16]

요한 세례자의 외침을 들으러 온 사제와 레위인, 그리고 모든 신실한 유다인에게 친숙한 어린양의 모습은 바로 이러했다. 요한 세례자가 이러한 호칭을 불렀을 때, 그들은 다가올 미래를 전혀 알 수 없었다. 그러나 이후에 유스티노는 분명히 깨달았다. "어린양을 완전히 구우라는 명은 그리스도가 겪을 십자가의 고통을 상징하는 것이다."[17] 이는 상징이나 그림자를 넘어서서, 다가올 희생 제사에 대한 생생한 모습이었다.

십자가 형태의 꼬챙이에 대한 광범위한 분석은 1996년 《유대학 분기보*Jewish Quarterly Review*》(유다교 및 유다인 문화에 대한 연구를 싣는 학술지. — 편집자 주)에 게재되었다. 《탈무드》에 대해 세계적으로 유명한 권위자이자 정통 랍비인 이스라엘 바르-일란 대학교의 요셉 타보리Joseph Tabory는 관련 문헌을 총망라하여 분석한 결과물을 내놓았다. 전통적인 유다교 관습이 십자가에 대한 그리스도교 도상에 나타나는 세부적인 요소를 설명하는 데 도움이 된다고 그는 짚었다. 이에 덧붙여, 타보리가 제시한 연구 내용은 요한 세례자의 외침을 들은 청중들의 머릿속에 무엇이 떠올랐을지 우리가 직접 볼 수 있도록 도와준다.

타보리는 1세기에서 2세기에 걸쳐 팔레스타인 지방에 살았던 랍비 아키바의 권위를 이용한다. 아키바는 희생 제물로 바치기 전에 동물의 내장을 제거하며, 제거한 내장을 이용하여 어린양의 머리에 헬멧처럼 둘러 감았다고 기록했다. 이러한 관습은 반드시 어린양은 "머리와 다리와 내장이 있는 채로 불에 구워 먹어야 한다." 하는 탈출기 12장 9절에서 파생된 것으로 보인다. 타보리는 다음과 같이 결론을 맺는다.

아마도 내장을 머리에 두른 어린양과 예수님의 가시관(마태 27,29; 마르 15,17; 요한 19,2 참조) 사이에는 유사점이 있을 것이다. …… 내장을 헬멧처럼 머리에 둘러싼 어린양과 왕관을 쓰신 예수님과 비슷하다는 점에서, 이 둘 사이의 연관성을 보여 주는 또 다른 증거가 될 수 있다.[18]

요한 세례자의 외침을 들은 그 누구도 그의 예형론이 궁극적으로 이루어질 것이라 예측하지 못했을 것이다. 하지만 복음사가들을 비롯한 누군가는 이것이 이루어지는 것을 두 눈으로 목격하고자 했으며 이를 마음속에 간직했다.

파스카의 과거

버지니아주에서 목사로 지냈던 젊은 시절에는 이렇게 많은 것을 알 수 없었다. 조셉 타보리의 연구는 그로부터 10여 년이 지나서야 세상에 모습을 드러냈으니 말이다. 그러나 이즈음 나는 초세기 교부들의 문헌에 깊이 빠져들었다. 특히 순교자 유스티노의 증언에 매료되었다. 유스티노의 증언은 성경의 증언과 양립할 뿐만 아니라 연속성이 있었다.

요한 복음서에서는 예수님을 두고 "세상의 죄를 없애시는 하느님의 어린양"(요한 1,29)이라고 일컫는다. 베드로의 첫째 서간은 이를 확인시켜 준다. "여러분은 …… 헛된 생활 방식에서 해방되었는데 …… 흠 없고 티 없는 어린양 같으신 그리스도의 고귀한 피로 그리된 것입니다."(1베드 1,18-19) 이는 다시금 파스카 축제를 지내기 위한 탈출기의 설명을 떠올리게 한다. 나는 '열성적으로 이를 따르는'

사람이 아니었으나, 이사야 예언자의 예언이 예수님을 예견한 것이라고 여기는 신약 성경의 전례를 따라야 했다. "도살장에 끌려가는 어린양처럼 털 깎는 사람 앞에 잠자코 서 있는 어미 양처럼 그는 자기 입을 열지 않았다."(이사 53,7; 사도 8,32 참조) 그리고 요한 묵시록에는 28번이나 하느님의 아드님을 가리켜 '어린양'이라고 불렀다.

신약 성경에서는 새 계약의 어린양이 바로 예수님이라는 사실을 끊임없이 증언한다. 최후의 만찬 때 흠 없는 어린양의 존재(혹은 부재)에 대한 질문은 무의미하다고 할 수 있다. 하느님의 어린양이 거기 계셨기에, 파스카의 의무는 가장 완전하고 알맞은 방식으로 완수되었다. 초기 그리스도교 주석가들은 공관 복음서와 요한 복음서에 존재하는 차이에 어떻게 접근했든 간에, 이에 동의했다. 곧 그들은 복음서의 이야기에 바쳐야 할 동물이 없다고 해서 어떠한 어려움에 처하지도 않았다. 주님께서 거기 계셨고 "이는 내 몸이다." 하신 주님의 말씀을 듣고 바라보았기 때문이었다.

순교자 유스티노의 견해

이것이 내가 성경의 주석가이자 해석자였던 초기 교회 교부들을 만난 계기였다. 나는 그들의 이름을 알고 있었다. 신학교 교재에서 그들의 이름과 작품이 인용되었기 때문이었다. 그러나 파스카에 대한 연구를 하기 이전에는 그 인용문의 맥락을 찾는 데 많은 시간을 할애하지 않았다.

이제 나는 교부들이 성경을 신중하게, 그리고 섬세하게 읽었다는 사실을 알게 되었다. 나는 교부들의 작품을 읽을 때 그들이 때때로 자신만의 상상을 그려 낸 줄 알았지만, 그렇지 않았다. 그들은 역사적으로 정확한지에 깊은 관심을 기울였다. 사실 신약 성경 시대의 많은 역사적 기록은 교부들이 후대를 위해서 수집했기에 지금 우리에게 남을 수 있었다. 순교자 유스티노와 같은 증인들은 나를 성경의 본문에서 멀어지게 하는 것이 아니라 더 깊숙하게 이끌었다.

나는 2세기 사람들이 20세기에 있는 나를 매료시켰던 바로 그 주제에 몰두하고 있었음을 발견했다. 리옹의 이레네오 주교는 하느님의 계약이라는 주제를 계속 다루었고, 이와 비슷하게 파스카에도 관심을 기울였다. 그리고 순교자 유스티노처럼 현대 신학자와 주석 학자들이 결코 다다를 수 없는 이점을 누렸다. 이레네오는 요한 복음사가의 제자였던 폴리카르포에게서 배울 수 있었다. 한편 유스티노는 당시 사람들에게 그저 기억으로만 남은 예루살렘 성전이 파괴되지 않았을 시기에 팔레스타인에서 자랐다.

나는 깜짝 놀랐다. 그리고 그 시대에 살았던 사르디스의 멜리톤이라는 인물도 발견했다. 멜리톤은 천수를 누리고 180년에 선종한 주교였다. 그가 살던 사르디스는 오늘날 튀르키예의 사르트라고 알려진 곳으로, 사도들이 활동하던 때에 이미 복음이 전파되었으며, 요한 묵시록에서는 이 지역의 그리스도인들이 직접 언급되었다(묵시 3,1-4 참조). 멜리톤은 아마도 유다교에서 개종했을 것이다. 그는 구약 성경을 깊이 이해했고, 적어도 한 번쯤은 예루살렘을 순례했을 것이다. 멜리톤은 2세기 때 교회에서 존경받았으나, 안타깝게도 한 작품만이 오늘날 남아 있다. 그리고 그 작품의 제목이 나를 사로잡았다. 바로 《파스카에 관하여 *Peri Pascha*》였다.

《파스카에 관하여》는 긴 부활절 강론 같았다. 이는 아마도 고대 교회에서부터 보존되어 온, 밤을 지새우는 철야 전례 중 하나를 통해 선포되었을 것이다. 탈출기에 대해 멜리톤은 풍요롭고 시적이며 상상력이 담긴 글을 남겼다. 그는 이스라엘 민족의 첫 맏배들에서 오랫동안 고대해 온 예수님의 피에 대해 놀라워한다.

말하라 천사여, 무엇이 너를 단념시켜 버렸는가? 양의 도살인가 아님 주님의 생명인가? 그대가 단념한 이유는 주님의 신비가 어린양에게서 완성됨을 목격했기 때문이며, 어린양의 희생 제사 안에서 주님의 생명을 보았기

때문이며, 어린양의 죽음에서 주님의 모습을 보았기 때문이리라.[19]

멜리톤의 작품은 인상적이었다. 많은 교부들은 내가 얻고자 했던 통찰을 이미 가진 듯했다. 심지어 실천적인 사항에 있어서도 나의 의견에 동의하는 것처럼 느껴졌다. 그들은 주님의 만찬을 계약의 갱신이라 여기며 기념했다. 교부들은 이 주님의 만찬을 두고 '기념anamnesis' 그리고 '감사eucharistia'라 칭하면서, 파스카 만찬과 같은 범주에 넣었다. 그들은 박해의 위험 가운데서도 매주, 심지어 매일 이 예식을 거행했다. 나는 유스티노 이전의 저자들에게서도 자주 영성체를 했다는 증거를 발견했다. 이는 안티오키아의 이냐시오가 107년경에 남긴 작품에서도 발견할 수 있다.

가장 초기 문헌에 속하는 이냐시오의 증언에서 나는 안도감을 느꼈다. 하지만 그들의 증언에서 골치 아픈 요소도 존재했다. 예를 들어, 왜 이들은 신약 성경에 몰두해서, 주님의 만찬을 두고 희생 제사라고 강조하여 언급했을까? 사실 초세기 증언들은 그들이 바친 예배를 두고 '희생 제사'라고 한결같이 일컬었다. 이 용어는 나를 불안하게 했다. 신약 성경은 십자가 위 예수님의 죽음이야말로 '단 한 번 모든 이를 위한' 결정적인 희생 제사라고 반복해서 가르친다. 하지만 교부들은 마치 주님의 만찬이 이루어지는 매 순간이 희생 제사인 양 말했다.

    이러한 매 순간은 가톨릭에서 개종한 회중이 나에게 경고한 바를 떠오르게 했다. 그들은 가톨릭 교회가 미사 때마다 예수님을 희생물로 바친다는 점을 믿는다고 지적했다. 그 생각은 분명히 성경의 내용과 모순되며, 이 오류는 무슨 수를 써서라도 피하고 싶었다. 그리고 이러한 욕구는 구약 성경과 신약 성경 모두에서 나타나는 어린양에 대한 연구를 더 깊이 하도록 나를 이끌었다.

7장

한처음부터 계셨던 어린양

 앞서 언급했듯이, 예수님을 '어린양'으로 지칭한 책은 복음서만이 아니었다. 요한 묵시록에서는 '어린양'의 이미지를 여러 차례 언급하며 최대한 활용한다. 예수님께서 요한 묵시록에 처음 등장하실 때, 묵시록에서는 파스카 용어를 사용한다. "살해된 것처럼 보이는 어린양이 서 계신 것을 보았습니다."(묵시 5,6) 이 어린양은 곧바로 하느님께 예배를 드리듯 모든 천사에게 흠숭을 받으신다. 천사와 성인들은 "살해된 어린양은 권능과 부와 지혜와 힘과 영예와 영광과 찬미를 받기에 합당하십니다."(묵시 5,12) 하고 큰 소리로 외친다. 어린양은 이전에는 개봉할 수 없었던 책의 봉인을 푼다. 땅 위의 백성들은 "어린양의 피로 자기들의 긴 겉옷을 깨끗이 빨아 희게 하였다."(묵시 7,14) 하고 묵시록은 전한다. 이후에, 환시를 보는 이는 이렇게 말하면서 파스카와 탈출기를 떠올리게 한다. "우리 형제들은 어린양의 피와 자기들이 증언하는 말씀으로 그자를 이겨 냈다."(묵시 12,11)

그리고 수수께끼 같은 구절이 이어진다. 이 구절은 구원받은 이들이 천국에 기록된 것을 가리킨다. 구원받은 이들이 '세상 창조 때부터 죽임을 당하신 어린양의 생명책에 기록'되었다는 점이다. 내가 존경하는 원로 목사가 선호한 《킹 제임스 성경》(KJV, 흠정역欽定譯)에서 이렇게 표현했다.

나는 이것이 어떤 의미가 있는지 궁금했다. 그래서 주석서들을 살폈다. 주석서에서는 많은 현대 번역가들이 이 문장의 뜻을 알아차리기 어렵다고 결론짓고, 원문을 '수정'했다고 언급했다. 다른 최신의 영어 번역본들과 같이 수정본은 '세상 창조 이래'(묵시 13,8 참조)라는 문구를 살해된 어린양보다 '책'에 명확하게 적용되도록 했다. 그러나 이는 그리스어 원문이 지닌 의미가 아니기에, 주석가들은 보통 이 점을 지적한다. 일부 주석가들은 이의를 제기한다. "그리스어 원문은 …… 분명히 '세상 창조 이래로 살해된'이라고 번역하는 것이 가장 정확하다. 바로 이것이 요한이 의도한 바였다."[20]

이 구절은 신약 성경 다른 부분을 상기시키는 것처럼 보인다. 베드로의 첫째 서간 1장은 파스카와 관련된 이미지로 가득 차 있다. 저자는 독자들에게 '흠 없고 티 없는 어린양 같으신' 그리스도의 피로 인해 '몸값'을 지불했다고 상기시키면서, 위에 언급한 구절과 비슷한 구절을 제시한다. "그리스도께서는 세상 창조 이전에 뽑히셨지만, 마지막 때에 여러분을 위하여 나타나셨습니다."(1베드 1,18-20)

나는 이 구절에 어떤 의미가 있는지 궁금해졌다. 그리스도께서는 30년경 예루살렘에 있는 언덕에서 돌아가셨다. 그렇다면 어째서 성경에서는 '세상 창조 이전부터' 살해되셨다고 말할까?

하지만 실제로 그러했다. 히브리인들에게 보낸 서간은 더 나아가 하느님의 업적이 "세상 창조 때부터 이미 다 **이루어져** 있었습니다."(히브 4,3) 하고 진술한다. 이 구절은 예수님의 희생 제사가 '단 한 번' 이루어졌다고 확신하는 히브리인들에게 보낸 서간에서 다시금 언급되는데, 이는 '세상 창조 때부터 여러 번 고난을 받으실'(히브 9,26 참조) 필요가 없었음을 명확히 한다.

그렇다면 이는 어떻게 이루어질까? 어떻게 해서 1세기에 단 한 번 바쳐진 희생 제물이 동시에 세상 창조 때부터 살해된 것일 수 있을까?

기꺼이 준비된 아벨

희생 제사의 역사에 많은 관심을 기울인 히브리인들에게 보낸 서간에서는 파스카와 관련된 힌트를 성조들에게서 찾아냈다. 아벨은 양 떼 중 맏배들을 제물로 바쳤으며(창세 4,4 참조), 그의 예물을 하느님께서는 인정해 주셨다(히브 11,4 참조). 그러나 아벨은 그의 형 카인에게 살해되었다. 히브리인들에게 보낸 서간에서는 아벨의 죽음과 희생 제사와 구원의 특성을 지니는 예수님의 죽음을 계속 비교한다(히브 12,24 참조).

이미 예수님 시대의 사람들은 오경에 나타나는 이러한 내용을 예형론으로 읽었다. 초기 유다이즘의 랍비들은 창세기의 사건이 탈출기에서 도래할 해방을 미리 나타낸다고 가르쳤다. 아벨의 이야기에서 우리가 희미하게나마 볼 수 있던 것이 아브라함이 이사악을 바치는 장면에서 더 분명하게 드러난다. 갑자기 뿔에 걸린 숫양 한 마리가 나타났다. 그리고 그 숫양을 이사악을 대신해서 바쳤고 아브라함의 맏배가 구원을 받았다. 이러한 이야기를 유다교 회당에서는 《타르굼*Targums*》이라고 불리는 책에서 발췌하여 읽었다. 《타르굼》은 아람어로 의역한 책인데 성경의 내용을 보다 정확하게 전하기 위해 세부적인 내용이 덧붙여 있다. 《타르굼》에 따르면 아브라함이 눈을 들어 보게 된 그 숫양은 **세상 창조 때부터** 준비되었다.[21] 게다가 유다교의 도상에서는 아브라함의 숫양이 종종 나무에 매달린 것으로 묘사되는데, 이는 십자가 형태로 꼬챙이에 꽂힌 파스카 어린양을 암시한다.[22]

그렇기에 초세기 그리스도인들은 그리스도가 이미 구약 성경에 묘사되어 있다고 여겼다. 사르디스의 멜리톤은 '아벨 안에서 그리스도는 살해되셨다'고 여긴다.[23]

아벨 안에서 그리스도는 살해되셨으며, 야곱 안에서 도망치셨으며, 요셉 안에서 팔리셨고, 모세 안에서 드러나셨다. 어린양 안에서 불타셨으며, 다윗 안에서 박해받으셨으며, 예언자들 안에서 학대를 당하셨다. 십자가 위에서 그리스도는 매달리셨으며, 지상에 묻히셨으며, 죽은 이들로부터 부활하셨으며, 천상의 높은 곳으로 들어 올려지셨다.[24]

우리는 여기서 무엇을 볼 수 있을까? 역사상 가장 취약하고 박해받았던 사람들과 동일시되는, 희생되신 그리스도를 본다. 예수님과 신비롭게 결합함으로써 그들도 세상 창조 때부터 '살해된 어린양'이 된다.

예수님 시대에 행한 파스카와 무교절 축제에는 오래전부터 고

대해 왔던 하느님의 구원에 관한 기대를 상기시키는 내용이 담겨 있었다. 탈출기 시대에 율법은 기념제를 지낼 때 7일간 축제를 지내도록 했다. 숫자 7(히브리어로 '세바sheva')은 히브리인들에게 중요한 숫자였다. 창세기에서 하느님께서는 6일 동안 세상을 창조하시고 일곱째 날 인간과 계약을 맺으신다. 이러한 이유로 계약을 맹세할 때 쓰이는 히브리어 동사를 번역하면 '일곱에게to seven oneself'라는 의미가 있다. 예수님과 동시대에 살았던 유다인 알렉산드리아의 필로는 이렇게 말했다. "숫자 7이 지니는 영광 때문에, 축제는 7일 동안 거행되는데, 이는 하느님께 찬양과 감사드리는 것이 모두 거룩한 숫자인 7에서 분리되지 않도록 하기 위함이다."[25]

파스카 축제의 7일은 세상의 창조를 되새기려는 신성한 목적으로 계획되었다. 갱신의 과정을 계속 거침으로써, 곧 창조와 구원의 과정을 거침으로써, 시간의 충만 속에서 하느님께서는 이 잔치가 예수님과 함께 완성되기를 바라셨다.

멜리톤은 창조주께서 진흙을 빚어 만드시는 모습에 비추어 이전의 사건들을 다루는데, 하느님의 참된 약속은 오직 그분께서 빚어 만드신 작품을 통해서만이 드러날 것이다.

영원한 사제

칼뱅주의자인 나는 이전부터 이미 하느님께서 내리신 법이 지니는 영원성을 확신하고 있었다. 하느님께서는 불변하시기에 그분의 뜻은 세상 창조 때부터 정해져 있었다. 그러나 나는 이러한 성경 구절들을 통해서 당신의 영원하고 변하지 않는 뜻을 시간 안에서 작용케 하시는 하느님의 방식을 점점 더 알게 되었다.

성경 구절에 깊이 빠져들면서, 예수님의 희생 제사를 묘사할 때 '단 한 번'이라는 구절에 다른 의미가 있을 가능성이 어렴풋이 보이기 시작했다. 이전의 나는 '단 한 번'이라는 것이 '완전히 끝남'을 의미한다고 생각했다.

그러나 이제 '단 한 번'이 시작에 불과함을 깨달았다. 히브리인들에게 보낸 서간에서 예수님의 '단 한 번'의 희생 제사에 대해 언급한 구절이 이 점을 명확하게 보여 준다.

이 구절은 예수님이야말로 천국의 성소로 들어가시는 최종적인 대사제이심을 가리킨다. 이 구절은 예루살렘 성전에서 사제들이 바치는 희생 제물과 예수님을 비교하고 대조한다. 지상의 사제들은 소와 염소를 희생 제물로 계속 바친다. 그들이 세상을 떠나면 다른 사제들이 이 희생 제물을 바친다. 하지만 예수님께서는 '영원히 사시기 때문에 영구한 사제직'(히브 7,24 참조)을 지니신다. 게다가 "그분께서는 다른 대사제들처럼 날마다 먼저 자기 죄 때문에 제물을 바치고 그다음으로 백성의 죄 때문에 제물을 바칠 필요가 없으시다."(히브 7,27) 당신의 몸, 당신의 육신을 바치시는 예수님께서는 천국에서 이를 행하시며 사랑 안에서 성부께 내어 드린다. 그분의 제물은 영원하기에 반복해서 바칠 수 없다. 그분께서는 '언제까지나 사제로 남아 있다.'(히브 7,3.17 참조) 예수님의 사제직은 영원하다. 예수님께서는 반복해서 바칠 수 없는 희생 제사를 영원이라는 시간 속에서 늘 바치고 계신다. 나는 이러한 하느님 계획의 기묘한 아름다움에 경탄했다.

어린양의 진노

나는 또한 우리 주님께서 당신을 상징적으로 나타내는 동물을 선택하신 기묘함이 참으로 경이로웠다. 다른 상징은 내가 쉽게 이해할 수 있었다. 요한 묵시록에서는 예수님을 '유다 지파의 사자'라고 불렀다(묵시 5,5 참조). 이는 이해할 만했다. 사자는 힘이 세다. 사자의 강한 힘 때문에 우리는 하느님을 우러러 볼 수 있었다.

하지만 어린양은 어떠할까? 하느님과 어린양은 전혀 어울리지 않는 것처럼 보인다. 심지어 어른 양도 둔하고 연약하다. 어릴 때 그들은 귀엽고 껴안고 싶고, 그래서 해롭지 않다. 그러나 이러한 특징이 요한 묵시록에 나타나는 발언을 정당화할 수 있을까? 더 나아가 어떤 구절은 '어린양의 진노'(묵시 6,16 참조)에서 도망치는 군중을 그린다.

이는 우스꽝스러울 수밖에 없다. 그리고 이러한 적합하지 않은 이미지는 우리로 하여금 그 의미를 숙고해 보도록 이끈다. 우리는 수세기 동안 '어린양'을 기리기 위해 만든 미술, 찬가, 기도와 같은 작품에서 얻은 개념에서 우리를 분리해야 할지도 모른다. '어린양의 진노'와 같은 구절을 접한 이방인들이 어떤 생각을 했을지 잠시 떠올려 봐야 한다. 이 구절은 과연 받아들일 수 있을까? 이들이 떠올릴 만한 동물로 대체해 보자. '토끼의 진노', '고양이의 진노', '쥐의 진노'!

어린양이 지니는 역설을 놓치면 핵심에서 벗어나게 된다. 여기서 예수님께서는 세상 창조 이래로 줄곧 작용해 온 원칙을 실현하신다. 우리는 신실함을 인정받은 아벨과 이사악에게서 이 원칙을 살짝 엿본다. 그리고 모든 파스카 희생 제사에서 이를 상징적으로 본다.

요한 묵시록의 어린양이 지니는 원칙은 내가 깨달은 바로는 예수님께서 바오로 사도에게 당신이 누구인지를 드러내실 때 나타난다. 곧 "나의 힘은 약한 데에서 완전히 드러난다."(2코린 12,9) 자연의 질서에서 힘과 약함은 양 극단에 있다. 그러나 그리스도 안에서 이 용어들은 어떻게 보면 동의어다. 바오로 사도는 이러한 사실을 떠올리면서 이렇게 결론짓는다. "그리스도께서는 약한 모습으로 십자가에 못 박히셨지만, 이제는 하느님의 힘으로 살아 계십니다."(2코린 13,4)

우리가 요한 묵시록에서 마주하는 흉측하고 무서운 모든 짐승과 지상의 모든 왕과 군대는 살해된 어린양에게서 드러나는 하느님의 권능 앞에 뿔뿔이 흩어져야 한다. 왜냐하면 어린양께서는 파스카를 성취하시기 때문이다. 어린양의 피는 문설주가 아니라 인간의 육신과 영혼에 바르며, 모든 불의와 죄, 심지어 죽음까지도 넘어서서 승리를 이끄신다.

어린양께서는 친히 사람들을 구원하셨을 뿐만 아니라 그들에게 당신의 권능을 나누고자 하셨다. 그래서 수많은 신비와 역설이 넘쳐나는 가운데 그분께서는 파스카를 통해 이들을 당신 자신과 같게 만드셨다. 요한 묵시록 7장 17절에서, 어린양은 그들의 목자가 되신다! 요한 복음서에서도 요한 묵시록과 비슷한 가르침이 반복된다. 요한 복음서의 시작에서는 예수님께서 '어린양'과 자신의 신원을 동일하게 여기신다면, 복음서 말미에서는 예수님께서 그리스도인들을 '내 어린양들'(요한 21,15 참조)이라고 여기는 것으로 끝을 맺는다.

이사야 예언자는 "목자처럼 당신의 가축들을 먹이시고 새끼 양들을 팔로 모아 품에 안으시는"(이사 40,11) 눈으로 볼 수 있는 하느님을 예견했다. 그러나 목자이신 하느님께서는 친히 어린양이 되시어 이러한 옛 예언을 뛰어넘으신다. 그분께서는 양 떼와 같은 모습을 지니시어, 양들이 당신을 더 쉽게 사랑하도록, 더 쉽게 당신과 같이 될 수 있도록 하셨다.

이와 같은 사실은 초세기 그리스도인들을 놀라게 했다. 내가 파스카를 깊이 묵상하면 할수록, 세상 창조 이래 펼쳐진 구원을 가져다주는 하느님 계약이 지닌 권능에 더욱더 놀랄 수밖에 없었다.

나는 하느님께서 권능을 펼치시기 시작한 때를 다시금 떠올렸다. 이는 분명히 몇 년 전 그 목사가 나에게 던진 질문을 이해하도록 이끌었다. 어린양과 포도주 잔의 의미뿐만 아니라, 예수님의 파스카를 이해하도록 이끌었다. 그리고 언제, 어떻게, 왜 '다 이루어졌는지' 이해하도록 이끌었다.

제2부

파스카의 신비를
마주하다

예수님께서는 신 포도주를 드신 다음에 말씀하셨다.

"다 이루어졌다." 이어서 고개를 숙이시며 숨을 거두셨다.

요한 19,30

1장

누룩 없는 빵

나는 뛰어난 신학원 두 곳에서 신학을 공부했다. 목사 안수를 받고는 곧바로 장로교 신학생들에게 신학을 가르쳤다. 1982년과 1983년에 나는 내 교회와 멀지 않은 곳에 있는 버지니아주 매클린의 도미니언 신학원에서 조교수로 근무했다. 신학을 배우는 학생이자 가르치는 교수로서, 그리고 그리스도인으로서 나는 예수 그리스도께서 역사와 창조, 그리고 구원의 중심에 계심을 알게 되었다. 바오로 사도는 이렇게 표현했다. "만물이 그분 안에서 창조되었기 때문입니다. 하늘에 있는 것이든 땅에 있는 것이든 보이는 것이든 보이지 않는 것이든 …… 만물이 그분을 통하여 또 그분을 향하여 창조되었습니다. 그분께서는 만물에 앞서 계시고 만물은 그분 안에

서 존속합니다."(콜로 1,16-17)

파스카에 관한 연구에 더욱 몰두했을 때, 나는 그리스도께서 어떻게 파스카 어린양과 같은 모습으로 영원히 계실 수 있는지에 관해 알아차리기 시작했다. 이러한 모습은 복음서에서는 두드러지게 나타나며 요한 묵시록에서는 만연하게 나타난다. 이는 십자가 죽음 이후에 드러난 그분의 정체성만을 가리키는 것이 아니었다. 이는 그분의 공생활이나 죽음을 가리키는 이름이 아니었다. 예수님께서 강생하여 지상의 여정 동안에 택한 이름이 아니었다. '살해된 어린양'은 '세상 창조 때'에 걸맞는 이름이었다. 이는 시간을 초월하는 이름이며 당신의 정체성을 가리켰다.

이전에 어린양이셨던 예수님은 지금도 어린양이시다. 그래서 나는 몇몇 독자들처럼 복음서에서 최후의 만찬 이야기에 어린양의 존재를 언급하지 않는다는 사실이 그렇게 놀랍지 않았다. 만약 어린양이 실제로 놓여 있었다고 하더라도 이는 언급할 필요가 없는 부수적인 것이었다. 희생 제물로 바치는 어린양은 기껏해야 참된 어린양의 그림자에 불과했다.

단 한 번 바쳐진 희생 제물이 되신 참된 어린양이기에, 예수님께서는 이를 당신의 만찬에서 말씀하신 듯하다. 하지만 이를 이상하게도 다른 측면에서 밝히신다. 예수님께서는 당신 자신을 희생 제물로 바치는 어린양이 아니라 누룩을 넣지 않는 빵과 동일시하셨다.

예수님께서는 빵을 들고 감사를 드리신 다음, 그것을 떼어 사도들에게 주시며 말씀하셨다. "이는 너희를 위하여 내어주는 내 몸이다. 너희는 나를 기억하여 이를 행하여라."(루카 22,19)

그래서 그리스도인들은 예수님의 명령에 따라 그렇게 해 왔다. 내가 다닌 장로교회는 주님의 만찬과 관련된 일정을 드물게 잡았지만, 그 만찬을 거행할 때마다 빵을 나누었다. 나는 예수님께서 그날 저녁에 드신 빵의 의미가 무엇인지 궁금해지기 시작했다.

내 살을 먹어라

성경에 나타나는 파스카 규정은 탈출기에서 분명하게 드러난다. 파스카 만찬을 위해서 필수적으로 식탁에 놓여야 할 메뉴가 있었다. "그날 밤에 그 고기를 먹어야 하는데, 불에 구워, 누룩 없는 빵과 쓴나물을 곁들여 먹어야 한다."(탈출 12,8) 랍비 가말리엘은 이 문장에서 만찬 상에 반드시 놓여야 하며 만찬에 참여한 이들에게 설명해야 할 세 가지 음식 목록을 발췌했다.

양고기는 그 날 하루에 다 먹어야 했지만, 누룩 없는 빵은 이어지는 한 주 동안 먹어야 했다.

너희는 이레 동안 누룩 없는 빵을 먹어야 한다. 아예 첫날에 너희 집 안에서 누룩을 치워 버려라. 첫날부터 이렛날까지 누룩 든 빵을 먹는 자는 누구든지 이스라엘에서 잘려 나갈 것이다.(탈출 12,15)

파스카는 일주일 동안 치르는 무교절 축제로 시작된다. 유다인들은 파스카와 무교절, 두 축제를 하나의 축제로 여겼다. 역사가 요세푸스는 이 두 축제를 같은 의미로 사용했다.[26]

빵이 지니는 의미는 중요하면서도 복합적이다. 본래는 이스라엘 민족이 이집트를 서둘러 떠나야 했기에, 누룩 없는 빵을 먹어야 했다. 반죽이 익을 시간이 없었던 것이다. "그들은 이집트에서 가지고 나온 반죽으로 누룩 없는 과자를 구웠다. 반죽이 부풀지 않았기 때문이다. 그들은 이집트에서 쫓겨 나오느라 …… 장만하지 못하였던 것이다."(탈출 12,39) 게다가 누룩 없는 빵은 여행자가 보관하거나 휴대하기 쉽고, 여행하면서 상할 가능성이 적었다.

옛 여행자들이 발효되지 않은 빵을 만든 타당하고도 실용적인 이유가 바로 여기에 있다. 후대에 유다교 주석가들은 누룩 없는 빵이 파스카 축제에 합당한 또 다른 이유를 제시했다. 알렉산드리아의 필로는 파스카 축제는 언제나 곡식이 다 자라기 전인 이른 봄에 끝난다고 기록했다. 따라서 빵은 미래에 속하기에 불완전하지만 빵

자체는 다가올 희망을 가리킨다.

또한 필로는 누룩 없는 빵은 밀과 물을 섞은 것에 불과하다고 언급했다. 따라서 부풀어 오르는 빵은 인간의 노력과 계획이 필요하지만, 누룩 없는 빵은 하느님께서 순수한 선물로 주신 것이다. 누룩 없는 빵은 새 피조물로서 거저 주어진 하느님의 구원 업적을 가리킨다(이는 7일의 축제 기간을 통해 상징성을 지닌다).[27]

율법에서는 파스카 축제 때 사용할 빵이 누룩 없는 빵이어야 한다고 단호히 밝힌다. 누룩이 든 빵을 먹었을 때 처벌은 매우 엄격했다. "첫날부터 이렛날까지 누룩 든 빵을 먹는 자는 누구든지 이스라엘에서 잘려 나갈 것이다."(탈출 12,15) 누룩 없는 빵은 파스카 만찬에서 필수적인 표지였다. 이를 대신할 어떠한 선택의 여지도 없었다. 이를 빠뜨리거나 다른 것으로 대체한다면 자신에게 저주를 내리는 것이나 다름없었다.

파스카 축제에서 필수였던 누룩 없는 빵은 이스라엘 민족이 이집트에서 탈출할 때 먹었던 음식이었기에 '고난의 빵'(신명 16,3 참조)으로도 불렸다.

탈출기 이전에, 오경에서 딱 한 번 누룩 없는 빵에 대해 언급한다. 이는 나에게 매우 중요하게 다가왔다. 누룩 없는 빵은 창세기의 소돔 멸망에 관한 이야기에서 등장한다. 도시를 파괴하려는 천사가 아브라함의 조카인 롯의 환대를 받아 그의 집에 묵는다. 그러고 나서 "롯이 그들에게 큰 상을 차리고 누룩 안 든 빵을 구워 주자 그들이 먹었다."(창세 19,3) 이 식사는 이후에 생겨난 파스카 만찬을 떠올리게 한다. 주님께서 한밤중에 이집트 땅의 맏아들과 맏배를 치셨을 때, 누룩 없는 빵을 먹은 이스라엘 민족을 살려 주셨다.

그렇다면 파스카 만찬에서 먹는 누룩 없는 빵에 담긴 의미를 많이 밝힐 수 있다. 그러나 예수님께서는 이에 대해 전혀 언급하시지 않았다. 대신에 빵을 쪼개어 나누어 주시며 의미를 새롭게 부여하신다. "이는 내 몸이다." 그리고 나서 당신 제자들에게 당신을 기억하며 "이를 행하라." 하고 명령하신다.

예수님께서는 이러한 행위와 말씀으로 파스카의 특성을 영원히 바꾸어 놓으셨다. 사도행전 어느 곳에서도 예수님의 제자들이 둘러 앉아 파스카 만찬을 차리고 어린양을 먹는 장면이 없다. 대신에 무엇을 볼 수 있을까? 그들이 '빵을 떼어 나누는' 것을 볼 수 있다(사도 2,46; 20,7 참조). 그들은 빵을 나누는 행위를 1년에 한 번, 혹은 분기별로 한 번이 아니라 자주 행했다. 사실 이 행위는 초세기 그리스도인들의 가장 특징적인 행위였다. 그리고 "그들은 사도들의 가르침을 받고 친교를 이루며 빵을 떼어 나누고 기도하는 일에 전념하였다."(사도 2,42)

거북한 당신의 '살'

나는 그동안 연구하면서 발견한 사실에 흥분을 감출 수 없었다. 그러나 두렵기도 했다. 그럼에도 성경에서 이끄는 대로 따라야 한다는 양심의 소리가 들렸고, 배운 것을 나의 교회 예배에 적용하지 않을 수 없었다. 하지만 이를 행동으로 옮겼을 때, 몇몇 사람은 "이거 완전 가톨릭스러운데!" 하고 말했다. 그들 중 일부는 이러한 변화를 좋아하기도 하고, 싫어하기도 했다. 하지만 양쪽의 의견은 같았다. 곧 내가 행한 것이 '가톨릭처럼 보인다'는 점이다.

그 무렵, 나는 도미니언 신학원에서 요한 복음서를 가르치고 있었다. 요한 복음서에서는 파스카 축제를 세 번 언급하며 파스카와 관련된 이야기를 다루기에, 나는 유다교의 예식과 그리스도교 성사에 대한 연구에 더욱 몰두했다. 요한 복음서를 수십 번 읽었음에도 불구하고, 복음서의 파스카적인 특성에 이토록 매료된 적이 없었다. 또한 생명의 빵에 관한 담론과 예수님께서 최후 만찬 때 제시하신 숨은 의미와 연관하지 않을 수 없었다. 예수님께서는 "이는 내 몸이다." 하고 말씀하셨을 뿐, 아무런 설명도 보태지 않으셨다. 그러나 요한 복음서에 따르면, 그분은 이미 다음과 같이 설명하셨다.

예수님께서 그들에게 이르셨다. "내가 생명의 빵이다. 나에게 오는 사람은 결코 배고프지 않을 것이며, 나를 믿는 사람은 결코 목마르지 않을 것이다. …… 나는 하늘에서 내려온 살아 있는 빵이다. 누구든지 이 빵을 먹으면 영원히 살 것이다. 내가 줄 빵은 세상에 생명을 주는 나의 살이다."(요한 6,35.51)

이 말씀을 들은 군중은 예수님을 두고 수군거렸다. 예수님께서는 그들에게 상징과 비유로 설명할 수 있으셨지만, 더 생생한 용어를 사용하셨다. 그분께서는 그들에게 당신 '살'이라는 '빵'을 약속하셨다. 결국 우리는 "제자들 가운데에서 많은 사람이 되돌아가고 더 이상 예수님과 함께 다니지 않았다."(요한 6,66) 하는 결말을 듣게 된다. 그들은 서로 이렇게 말했다. "이 말씀은 듣기가 너무 거북하다. 누가 듣고 있을 수 있겠는가?"(요한 6,60)

요한 복음서에서는 이 빵에 관한 가르침의 계기가 파스카 축제라고 밝힌다(요한 6,4 참조). 이 담론에서 예수님께서는 자신을 '생명의 빵'(요한 6,35 참조), 그리고 '하늘에서 내려온 빵'(요한 6,32 참조)이라고 가리키며, 하느님께 이스라엘 민족을 위해서 만나를 내려 주시기를 청한 모세와 닮은 점을 밝히신다.

수업 시간에 이 구절을 두고 토론하는 동안 학생들은 매우 흥분

했다. 이는 분명히 그들에게 새로운 자료였다. 빵에 관한 이 긴 담론은 엄청난 단어로 나열되어 있으며 어떻게 해야 당신의 제자가 될 수 있는지, 그리고 당신이 지닌 위엄에 대한 중요한 의미를 담고 있다. 그럼에도 복음주의자들은 이 구절을 회피하거나 경시했다. 몇 년이 지난 지금, 왜 복음주의자들이 이 말씀을 무시하려 했는지 알 수 있었다. **이 구절**은 '듣기가 거북'했다. 특히 내가 속한 교파의 예배 관습과 조화를 이루기 어려웠다.

학생들은 최후의 만찬에 대한 공관 복음서의 설명에 비추어 생명의 빵을 주제로 열심히 토론했다. 그러고 나서 구약 성경에 나타나는 희생 제사에 관한 가르침을 바탕으로 다음의 두 부분(최후의 만찬에 대한 공관 복음서의 내용, 생명의 빵에 관한 요한 복음서의 내용)을 숙고했다. 둘 사이에는 연관성이 있었다. 이집트에 있는 이스라엘인들이 양을 **도살**한다고 해서 충분하지 않았다. 죽음은 희생 제사의 여러 측면 가운데 하나일 뿐이었다. 궁극적인 목적은 하느님과 그분 백성의 친교를 회복하는 데 있다. 그리고 이는 파스카 만찬이라는 예식에서 이루어졌다. 다시 말해, 선택받은 민족은 **어린양을 먹어야 했다.** 요한 세례자가 '하느님의 어린양'이라고 가리킨 예수님께서는 제자들에게 당신의 살이 빵이 되며, 그들의 구원은 그 살을 먹는 데 달려 있다고 말씀하셨다. 이 말씀은 사람들을 거북하게 했다.

게다가 이는 한 번에 끝나는 사건이 아니었다. 예수님께서는 제자들에게 당신의 희생 제사를 기념하여 "이를 행하여라." 하고 명령하셨다. 예수님은 궁극적으로 친교를 회복하고자 하셨는데, 이는 그분의 몸인 '빵'을 통해서 이루어졌다. 이 결론은 명백해 보였다. 곧 우리도 어린양을 먹어야 했다.

학생들 중 몇몇은 나보다 가톨릭을 더 많이 알고 있었다. 그래서 내가 사역하는 교회의 신도들이 '가톨릭처럼 보인다'고 지적해 온 것을 그들도 말하기 시작했다. 이에 나는 다시 한 번 놀랐고, 결국 그동안 몸담아 온 교파의 권위와 전통에 의문을 품게 되었다. 칼뱅주의 스승들은 성경을 깊이 경외하는 마음을 나에게 심어 주었다. 그들은 성경 말씀이 영감을 받아 기록되었으며, 오류가 없다고 알려 주었다. 하지만 칼뱅주의 교회에서 가르치는 교리와 행하는 관행이 성경과 모순된다면 어떻게 해야 할까?

나는 가톨릭 교회가 참된 교회라고 여기지 않았다. 무엇보다도 가톨릭이 명백한 오류로 가득 차 있다고 여겼다. 가톨릭 신자들은 미사마다 예수님을 희생 제물로 바친다고 믿었다. 곧, 가톨릭 신자들은 미사를 거행할 때마다 매번 예수님을 죽인다고 믿고 있었다. 나는 그들이 옳다고 여기고 싶지 않았다. 하지만 우리가 틀렸다면? 우리가 예수님 안에서 이루어지는 새 계약의 갱신이라는 중요한 사건을 완전히 잘못 알고 있었다면?

이와 같은 관점에서 바오로 사도가 한 말 "우리의 파스카 양이신 그리스도께서 희생되셨습니다."(1코린 5,7)에는 중요한 의미가 담겨 있다. 그는 이런 결론을 내리지 않았다. '이 희생은 단 한 번 이루어졌고, 그러니 더 이상 하지 않아도 된다'고 말이다. 대신 다음 구절에서 "그러므로 묵은 누룩, 곧 악의와 사악이라는 누룩이 아니라, 순결과 진실이라는 누룩 없는 빵을 가지고 축제를 지냅시다."(1코린 5,8) 하고 말한다. 다시 말해, 우리가 해야 할 일이 남아 있음을 가리킨다. 우리는 생명의 빵이자 파스카 어린양이신 예수님을 먹어야 한다.

요한 복음서의 빵에 관한 담화에서 비춰진 예수님처럼, 바오로 사도는 청중이 자신의 뜻을 잘못 이해하는 것을 허락하지 않았다. 상징적으로 해석할 여지를 남기지 않았다. 오히려 성사를 통해 이루는 친교의 살과 피라는 사실성을 강조했다. 코린토 신자들에게 보내는 첫째 서간에서 바오로 사도는 "우리가 떼는 빵은 그리스도의 몸에 동참(그리스어 '코이노니아Koinonia')하는 것이 아닙니까?"(1코린 10,16) 하고 썼다. 그 후에 이렇게 경고했다. "주님의 몸을 분별없이 먹고 마시는 자는 자신에 대한 심판을 먹고 마시는 것입니다."(1코린 11,29)

생명의 빵에 대한 담론과 마찬가지로, 바오로 사도의 이 편지에서 쓰이는 용어 역시도 엄청나기 그지없었다. 나는 이러한 과정을 통해 하느님께서 보여 주신 것에 감사를 깊이 드리면서도, 이내 심각한 고민에 빠지게 되었다. 분명히 예수님께서 우리에게 주신 '당신 몸'이라는 선물은 정말로 대단한 것임이 틀림없다. 그러나 우리가 정말로 '분별하고 있었을까?' '자기 자신에 대한 심판을 먹고 마신 것은 아닐까?'

나는 명확한 답을 내리지 못했다. 하지만 양심에서 들려오는 소리에서, 내가 하는 일을 계속할 수 없음을 깨달았다. 나 자신을 정통 장로교회 목사로, 장로교 교리를 가르치는 교사로 내세울 수 없었다. 이내 나는 두려움에 사로잡혔다. 내가 가진 학위로는 다른 직업을 얻기 어려웠다. 아버지이자 남편인 나에게 다른 길은 보이지 않았다.

이렇게 감정이 소용돌이치는 가운데 나를 기쁘게 하면서도 가슴 아프게 만드는 소식이 들려왔다. 도미니언 신학원에서 내가 꿈에 그리던 자리, 즉 학장직을 제시한 것이다. 학교 측에서는 학장직을 수락할지 물었다. 나는 이 자리를 얻기 위해 기도하고 있었다. 이 순간이 오기를 고대하고 있었다. 하지만 이 제안을 거절해야 함을 알고 있었다.

이스라엘 민족에게 하늘에서 내려온 빵은 고난의 빵이기도 했다. 이 연결점은 나에게 너무나 와닿았다. 나는 가족과 함께 나만의 '탈출'을 감행해야 했다. 나는 아내 킴벌리와 함께 성장기를 보낸 펜실베니아주 서부 지방으로 돌아왔다. 그리고 그곳에서 모교인 그로브 시티 대학 총장의 보좌관 자리를 맡았다. 이 일이 목사직보다 덜 힘드리라 생각했다. 그리고 더 연구하고 기도에 매진하게끔 해 주리라 믿었다.

2장

포도주 잔

연구를 통해 나는 위안을 얻었다. 물론 답도 찾아냈다. 답을 찾은 후에는 질문을 더 많이 던졌다. 내가 자문을 구했던 학자들은 여전히 문제를 많이 제기했다.

최후의 만찬 이야기가 만들어 내는 어려움에는 바로 예수님과 제자들이 만찬을 완료하지 못하고 일찍 끝냈다는 데 있다. 그날 밤 예수님과 제자들은 찬미가를 부르고 만찬을 끝냈다(마르 14,26 참조). 그러나 그들은 찬미가를 부르면서 마셔야 하는 '네 번째 잔'을 마시지 않았다. 이는 만찬의 순서를 명백히 빼먹은 것이다.

실제로 예수님께서는 이 빠진 부분에 주의를 기울이시며, 의도적으로 그렇게 하셨다는 신호를 보내신다. 예수님께서는 세 번째 잔을 드시며 이렇게 말씀하셨다. "내가 하느님 나라에서 새 포도주를 마실 그날까지, 포도나무 열매로 빚은 것을 결코 다시는 마시지 않겠다."(마르 14,25)

이 문제는 유다교 학자들의 작품에서 주로 다루어졌다. 그들에게 복음서는 파스카 예식 준수와 관련된 가치를 잠재적으로 지닌 초기 증언이었다. 그래서 그들은 복음서에 언급된 파스카 만찬을 면밀히 분석하려 했다. 그런데 마지막 잔이 언급되지 않았다는 점은 학자들에게 심각한 문제를 불러일으켰다.

전례를 행하지 않는 교회의 목사이지만, 나는 사람들이 예배 때 당연하게 생각하는 행위를 하지 않을 때 무슨 일이 생기는지 알고 있었다. 예배 순서에 따라 관례적으로 부르는 찬송가를 생략하면 여기저기서 고성이 터져 나온다. 모두가 알아차리고, 불평으로 가득 찬다. 오늘날 드리는 예배에서도 이러한데, 랍비가 가장 중요한 예식에서 절정에 이르는 부분 직전에 멈춰 버린다면, 이는 1세기 유다인들에게 훨씬 더 충격적으로 다가왔을 것이다. 20세기가 지난 지금에도, 이렇게 예식을 누락하는 행위는 평생 동안 예식을 준수해 온 이들에게 걸림돌로 남아 있다.

그러나 예수님께서는 네 번째 잔을 거르신다. 오히려 마시지 않겠다고 말씀하신다. 그러면서 아무런 설명도 덧붙이지 않으신다.

중대한 누락

맥락에 맞춰 '잔'을 살펴보자. 얼핏 보면 양고기나 누룩 없는 빵과 달리 만찬에 필수적이지 않게 여길 수 있다. '잔'은 오경이 규정한 지시 사항에 전혀 나타나지 않는다. 역사학자들은 '인간의 마음을 즐겁게 하는 술'(시편 104,15), 곧 네 술잔이 만찬의 축제 분위기를 띠우기 위해 나중에 첨가되었다고 여겼다. 가말리엘은 마셔야 할 술잔의 숫자를 파스카를 이루는 세 가지 필수 요소 중 하나로 여기지 않았지만, 《미쉬나》에서는 세심하게 잔의 배분을 규정한다.

파스카 만찬은 네 과정으로 되어 있고, 각 과정마다 물을 섞은 적포도주 한 잔을 곁들인다. 가장 하층 유다인들은 그들이 사는 지역에서 네 술잔을 받았는데, 이는 그들도 축제에 참여하고 즐기게 하기 위함이었다. 랍비들은 각 잔의 포도주와 물의 비율까지도 설명했다.

우리가 이미 살펴본 것을 다시 한 번 짚어 보자. 파스카 만찬의 첫 과정은 첫 번째 포도주 잔을 들고서 특별한 축복을 빌고, 이후에 쓴나물이 담긴 접시를 제공한다.

두 번째는 파스카 이야기를 읽고, 질문과 대답 그리고 '소 알렐루야'를 노래하고 이어서 두 번째 포도주 잔을 마신다.

세 번째는 양고기와 누룩 없는 빵으로 이루어지고, 이후에 '축복의 잔'으로 알려진 세 번째 포도주 잔을 마신다.

만찬은 '대 알렐루야'를 노래 부르면서 종결하며, '완결의 잔'으로 불리는 네 번째 포도주 잔을 마신다.

파스카를 연구한 학자들은 최후의 만찬을 다루는 복음서에 이 양식이 담겨 있다고 여긴다. 20세기의 저명한 고대 유다교 법학자이자 랍비 데이비드 다우브David Daube는 복음서에서 언급한 파스카 만찬 순서를 다루면서 〈네 번째 잔의 누락〉이라는 연구를 발표했다. 다우브는 예수님께서 '계약의 피'(마르 14,24 참조)로 선포하신 잔은 분명히 《하가다》에서 언급한 세 번째 잔이라는 사실에 주목했다. 왜냐하면 이 잔을 메인 요리를 먹을 때 감사 기도를 바치면서 마셨기 때문이었다. 바오로 사도도 주님의 만찬에 대한 토론에서 이 잔이 세 번째 잔임을 확신하는 듯하다. "우리가 축복하는 그 축복의 잔은 그리스도의 피에 동참하는 것이 아닙니까? 우리가 떼는 빵은 그리스도의 몸에 동참하는 것이 아닙니까?"(1코린 10,16)

예수님께서는 잔을 들어 올리시며 기도를 바치신 후 제자들에게 "내가 하느님 나라에서 새 포도주를 마실 그날까지, 포도나무 열매로 빚은 것을 결코 다시는 마시지 않겠다." 하셨다. 다우브는 이렇게 말한다. "이 말씀은 보통의 경우처럼 다음 과정에서 네 번째 잔을 마시지 않을 것이며, 하느님 나라가 완전히 도래할 때까지 (잔을 마시는 행위가) 미뤄질 것임을 가리킨다."[28]

이와 같은 관점에서, 네 번째 잔에 담긴 가치는 엄청나다고 할 수 있다. 곧 네 번째 잔은 하느님께서 이스라엘과 맺으신 계약을 새롭게 하는 예식의 마침표 역할을 했기 때문이었다. 네 번째 잔의 누락은 레오나르도 다빈치의 〈모나리자〉가 걸려 있어야 할 루브르 박물관의 벽이 빈 것에 견줄 수 있다. 만약 그렇다면 몇 시간을 줄지어 기다린 끝에 멋진 작품을 보리란 기대는 흔적도 없이 사라질 것이다. 네 번째 잔, 곧 '완결의 잔'을 마시지 않은 것은 분명히 거슬린다. 이는 제자들이 기존에 가진 파스카에 관한 모든 감각을 뒤바꿨을 것이다.[29]

구원의 잔 vs. 진노의 잔

성경에서 포도주 한 잔이 단순하게 딱 한 잔으로 끝나는 경우는 드물다. 히브리 문학에서 '잔'은 여러 가지를 시사한다. 잔의 가치는 상징적이며 복합적이다. 잔은 미래를 나타내기도 하고, 심판을 드러내기도 하며, 축복을 표현하기도 한다. 슬픔을 드러낼 때도 있다. 그리고 동시에 이 의미를 모두 드러낼 수도 있다.

포도주 잔에는 다가올 삶을 결정짓는 중요한 의미가 있다. 그러므로 누군가의 '잔'으로 말미암아 주님을 택한다는 것은 정당한 표지다. 시편 저자는 이렇게 외친다. "제가 받을 몫이며 제가 마실 잔이신 주님, 당신께서 저의 제비를 쥐고 계십니다."(시편 16,5) 그리고 다른 곳에서도 이렇게 밝힌다. "구원의 잔을 들고서, 주님의 이름을 받들어 부르네."(시편 116,13) 이 잔은 이스라엘 예배에서 볼 수 있는 특징적인 요소다. 하느님 섭리에 따른 돌보심을 받아들이겠다는 것을 상징한다.

그러나 미래는 여전히 불안하고 불확실하다. 그렇기에 성경은 모든 것을 주님께 맡기라는 메시지를 계속 전달한다. 하지만 사람들은 항상 대비책을 세워 두어야 한다는 유혹에 빠지곤 한다. 이사야 예언자는 하느님을 잊고 그들의 미래를 우상에게 맡기려는 동시대 사람들을 향해 자신의 운명을 위해서 우상에게 '혼합주를 채워 올리는 자들'(이사 65,11 참조)이라고 지적한다. 그들이 혼합주를 채워 올림으로써, 참하느님과 맺은 계약을 깨뜨리고 이웃 이교도들이 섬기는, 겉으로 보기에 대단해 보이지만 환상에 불과한(혹은 대단히 악마스러운) 우상에게 자신의 미래와 운명을 맡긴다.

어느 경우에서든, '잔'은 함께하는 삶을 가리킨다. 이는 계약의 유대, 가족 유대를 의미한다. 예언자들은 이스라엘과 하느님 사이의 관계를 혼인 관계에 비유했다(호세 2,18-20; 예레 2,2; 3,1 참조). 우상숭배는 이러한 면에서 간음으로 간주되었다. 거짓된 신, '바알'이란 본디 '남편'을 뜻하는 셈족어에서 유래되었다(호세 2,15-18 참조). 거짓된 예배는 관계를 더럽힌다. 우상에게 술잔을 채우는 것, 곧 거짓된 신에게 참된 것을 주는 행위는 배신을 상징했다.

사람들이 참된 예배를 두려워한 이유는 바로 그들 자신이 합당하지 않다고 여겼기 때문이다. 앞서 지적했듯이, 모든 계약은 축복과 저주를 동반한다. 충실하게 이행했을 때는 축복이, 불충실했을 때는 저주가 뒤따른다. 계약을 맺은 이들은 같은 잔을 마시지만, 그 잔의 의미는 충실함에 따라 달라진다. 그들은 구원을 얻기 위해 마시거나 단죄를 받기 위해 마신다.

그러므로 이 계약의 잔을 두고 '구원의 잔'으로 일컫기도 하지만, '진노의 잔'(이사 51,17 참조)으로도 알게 된다. 축복의 잔은 의인에게 가득 차지만(시편 23,5 참조), 진노의 잔은 악인에게 넘쳐흐른다.

불행하여라, 이웃들에게 술을 먹이고 취할 때까지 화를 퍼붓고는 그들의 알몸을 바라보는 자! 너는 영광은커녕 능욕이나 실컷 당하리라. 너도 술을 마시고 포피를 드러내어라. 주님의 오른손에 들린 잔이 너에게 돌아가고 수치가 네 영광을 덮으리라.(하바 2,15-16)

잔이 지니는 이러한 의미는 구약 성경에만 국한된 것이 아니었다. 바오로 사도는 주님 만찬의 잔, 곧 예수님께서 축성하신 축복의 잔인 세 번째 잔을 언급하면서 비슷한 용어를 사용했다. 그는 코린토 신자들에게 이렇게 말한다.

우리가 축복하는 그 축복의 잔은 그리스도의 피에 동참하는 것이 아닙니까? 우리가 떼는 빵은 그리스도의 몸에 동참하는 것이 아닙니까? …… 여러분이 주님의 잔도 마시고 마귀들의 잔도 마실 수는 없습니다. 여러분이 주님의 식탁에도 참여하고 마귀들의 식탁에도 참여할 수는 없습니다. (1코린 10,16.21)

그리스도인들에게도 '축복의 잔'은 엄중한 심판과 진노의 잔일 수 있다. 부당하게 잔을 마시는 이는 계약의 축복이 아니라 저주를 받을 것이다. 따라서 바오로 사도는 이렇게 경고한다.

그러니 각 사람은 자신을 돌이켜보고 나서 이 빵을 먹고 이 잔을 마셔야 합니다. 주님의 몸을 분별없이 먹고 마시는 자는 자신에 대한 심판을 먹고 마시는 것입니다. 그래서 여러분 가운데에 몸이 약한 사람과 병든 사람이 많고, 또 이미 죽은 이들도 적지 않은 것입니다. (1코린 11,28-30)

신약 성경에서도 하느님의 계약은 잔과 관련된 용어에 나타난다. 구약에서 쓰인 그 용어가 여전히 남아 있다. "나는 오늘 하늘과 땅을 증인으로 세우고, 생명과 죽음, 축복과 저주를 너희 앞에 내놓았다."(신명 30,19) 잔은 축복 혹은 저주가 담긴 미래를 상징한다.

엇갈린 의도

모든 유다교 전례에서 잔은 매우 중요했다. 그렇다면 예수님의 마지막 파스카 만찬에서 마지막 잔을 빠뜨린 것을 어떻게 바라봐야 할까?

일부 학자들은 건망증이라는 심리적 요인이 예수님께 영향을 미쳤을 것으로 추측한다. 그들이 이렇게 지적한 이유는 다음과 같다. "그분께서는 공포와 번민에 휩싸이기 시작하셨다." 그래서 제자들에게 "내 마음이 너무 괴로워 죽을 지경이다."(마르 14,33-34) 하셨다고 성경에서 밝히기 때문이다. 아마도 예수님께서는 너무나 괴로운 나머지 규정에 따라 정확하게 파스카 만찬을 거행해야 한다는 점을 놓치셨을 수 있다.

이 분석이 그럴 듯할 수 있다. 하지만 받아들이기는 힘들다. 한 가지 이유는, 예수님께서 '대 알렐루야'를 부르신 다음 **네 번째 잔**

을 마시지 않겠다고 선언하신 사실이 분명하기 때문이다. 그렇기에 혼란스럽고 괴로워서 파스카 만찬의 일부를 놓치고 중단했다는 주장은 의문스러울 수밖에 없다. 예수님께서 당신의 감정에 따라 정신 없이 행동하셨다면, 왜 그전에 포도주를 드시지 않겠다고 분명하게 밝히셨을까? 그분께서 하신 행동이 당신 자신이 번민에 휩싸여 계시다는 점을 보여 주지만, 또한 그러한 자신을 완전히 통제하고 계시다는 점도 보여 준다. 그렇다면 왜 예수님께서는 마지막 잔을 마시지 않기로 하셨을까?

복음서의 시간을 따라가 보면 그다음 장면에서 예수님께서는 겟세마니 동산에서 기도하신다. 바로 이 장면에서 내가 찾고자 하는 것을 발견할 수 있었다. 아니, 적어도 놓치고 있던 잔에 대한 언급을 찾을 수 있었다. "그런 다음 앞으로 조금 나아가 얼굴을 땅에 대고 기도하시며 이렇게 말씀하셨다. '아버지, 하실 수만 있으시면 **이 잔이 저를 비켜 가게 해 주십시오.** 그러나 제가 원하는 대로 하지 마시고 아버지께서 원하시는 대로 하십시오.'"(마태 26,39)

이 잔! 예수님께서는 세 번이나 '이 잔'을 비켜 가게 해 달라고 기도하셨다. 여기서 질문이 생겨난다. 예수님께서 말씀하시는 잔은 과연 **무엇**인가?

일부 학자는 '이 잔'을 구약의 예언자들이 언급한 '진노의 잔'(이사 51,17; 예레 25,15 참조)과 동일하게 취급한다. 그들의 주장에는 확실히 연결점을 발견할 수 있으나, 파스카 규정이 나타내는 우선적인 연결점보다는 덜 직접적인 것으로 보인다.

골고타 언덕에서 십자가에 못 박히시기 전, '포도나무 열매로 빚은 것'을 결코 마시지 않겠다고 하신 예수님의 다짐이 어떻게 나타나는지 볼 수 있다. "그들이 몰약을 탄 포도주를 예수님께 건넸지만 그분께서는 받지 않으셨다."(마르 15,23) 이 이야기에서는 예수님께서 왜 포도주를 거부하셨는지 설명하지 않는다. 아마도 그분의 나라가 영광 중에 올 때까지, 다시는 마시지 않겠다는 예수님의 맹세를 가리킨다고 볼 수 있을 것이다.

그 후 줄거리는 흥미롭게 전개된다. "그 뒤에 이미 모든 일이 다 이루어졌음을 아신 예수님께서는 성경 말씀이 이루어지게 하시려고 '목마르다.' 하고 말씀하셨다."(요한 19,28)

예수님께서는 당신 생애 마지막 순간에 이르기 훨씬 전부터 목말라하셨다. 그러므로 예수님의 말씀은 단순히 갈증을 해결하고 싶어 하는 갈망 이상의 의미를 담고 있다. 예수님께서는 '다 이루어졌음'을 깨닫고 당신 자신을 마지막까지 온전히 다스리고 계셨던 것이다.

지금 이루신 것이 무엇이건 간에, 예수님께서 '성경 말씀이 이루어지기 위해' 말씀하신 것과 직접 연결된다고 볼 수 있다. 예수님께서 목말라하셨다는 표현에 이어 어떠한 내용이 나오는지 살피면 더 많이 들어맞는다. "거기에는 신 포도주가 가득 담긴 그릇이 놓여 있었다. 그래서 사람들이 신 포도주를 듬뿍 적신 해면을 우슬초 가지에 꽂아 예수님의 입에 갖다 대었다."(요한 19,29) 오직 요한 복음서에서만 어린양의 피를 뿌리는 파스카 법에 규정된 나뭇가지인 우슬초가 사용됐음을 언급했다(탈출 12,22 참조).

이 구절은 매우 중요한 점을 드러낸다. 예수님께서 네 번째 잔을 거르기로 택하셨을 때, 파스카 만찬은 끝나지 않은 상태였다. 예수님께서는 당신 나라의 영광 중에 다시 오실 때까지 포도주를 다시는 마시지 않겠다고 하셨다. 십자가에 못 박히기 직전에 예수님께서는 당신께 건네진 포도주를 한 차례 **거부**하셨다(마르 15,23 참조). 그리고 마침내 마지막에 이르자 '신 포도주'가 예수님께 건네졌다(요한 19,29; 마태 27,48; 마르 15,36; 루카 23,36 참조). 공관 복음서에서 이를 증언해 준다. 그러나 요한 복음서에서만 예수님께서 하신 대답을 알려 준다. "예수님께서는 신 포도주를 드신 다음에 말씀하셨다. '다 이루어졌다.' 이어서 고개를 숙이시며 숨을 거두셨다."(요한 19,30)

다 이루어졌다! 마침내 나는 그 목사가 던진 질문에 대한 답을 얻었다. '다 이루어졌다'는 당신께서 숨을 거두심으로써 지금 이루어진 파스카를 뜻했던 것이다!

예수님의 파스카 만찬에서 빠진 것은 아무것도 없었다. 모든 것이 완결되었고 완성되었다. 주님께서 숨을 거두시면서 마신 포도주로 결말을 이끌어 냈다.

3장

때

    그 당시 나는 강의 시간에 요한 복음서를 관통하는 주제인 파스카를 자주 다루었다. 그로브 시티 대학의 학생들이 강연자로 나를 초청했을 때, 나는 내가 강연 때 다루고 싶은 주제를 바로 알 수 있었다.

    나는 지상에서 예수님 삶의 완결은 바로 십자가에서 이루어진다는 복음서의 마지막 부분에 비추어 요한 복음서의 모든 장을 찬찬히 살피기 시작했다. 여러 차례 언급했듯이, 파스카는 요한 복음서에서 매우 중요한 주제다. 복음서의 이야기는 세 번의 파스카 축제를 중심으로 구성된다. 요한 복음서 첫 장에서 예수님의 신원은 '하느님의 어린양'으로 드러난다.

요한 복음서에는 다른 복음서들과 다른 특이한 점이 또 있다. 바로 최후의 만찬이 파스카 만찬임을 명시적으로 표현하지 않았다는 점이다. 루카 복음서에서는 예수님께서 제자들과 이 파스카 만찬을 나누길 고대하셨다고 표현한다. 마태오와 마르코 복음서에서는 최후의 만찬이 파스카 만찬이었음을 반복해서 표현한다. 또한 공관 복음서에서 드러나는 최후의 만찬 핵심은 바로 만찬을 제정하신 예수님의 말씀에 있다. 공관 복음서와 요한 복음서의 진술이 다르게 보일지라도, 조금만 노력을 기울인다면 양쪽 모두 똑같이 파스카 만찬을 가리킨다는 사실을 알 수 있다.

첫째로, 요한 복음서 13장에 서술된 최후의 만찬 장면에서는 포도주 잔이나 쪼개진 빵을 언급하지 않지만, 여러 다른 특징을 보여 준다. 이를 종합하면 파스카 만찬이라는 사실이 드러난다. 요한 복음서 13장은 "파스카 축제가 시작되기 전"이라는 말로 시작한다. 곧 만찬 전 오후를 가리킨다. 식사는 밤에 이루어졌고(요한 13,30 참조), 식사를 하는 이들은 기대어 앉았으며(요한 13,23 참조), 음식 조각들을 '적셔서' 먹었다(요한 13,26 참조). 몇몇 제자는 유다 이스카리옷이 가난한 이들에게 무언가를 주기 위해 떠났다고 추측했다(요한 13,29 참조). 파스카 축제에 관해 명시적으로 언급하지 않지만, 이 모든 내용은 성경과 랍비 전통에서 규정한 파스카 축제의 관습을 묘사한다.

　십자가형에 관한 요한 복음서의 서술도 파스카에 관한 상징으로 채워져 있다. 모든 복음서에서는 예수님께서 고난을 겪으실 때, 그분께 포도주(혹은 식초)를 건넸다고 기록한다. 하지만 오직 요한 복음서에서만 포도주를 적신 해면을 우슬초 가지에 꽂아서 예수님께 드렸다고 전한다(요한 19,29 참조). 우슬초는 첫 파스카 때 이스라엘 민족이 양의 피를 문설주에 바르기 위해 사용한 식물이었다(탈출 12,21-23 참조). 오직 요한 복음서에서만 예수님께서 솔기가 없이 위에서 통으로 짠 옷을 입으셨다고 기록하는데, 이는 사제들의 일반적인 복장이었다(요한 19,23 참조). 게다가 예수님께서는 성전에서 희생 제사를 바치는 시각에 돌아가셨으며, 그분의 뼈는 하나도 부러지지 않았다(이는 파스카 양의 필수 조건이었다)고 전한다(요한 19,33-36 참조). 그러므로 요한 복음서에서는 예수님을 파스카를 완전히 이루신 분으로 나타낸다. 그분은 대사제이며 희생양이시다.

　마지막으로, 요한 복음사가는 독자들이 이미 공관 복음서에 나타나는 예수님의 수난 사화를 알고 있다고 전제하고 집필한 것으로 보인다. 다른 세 복음서에서는 최후의 만찬 때, 만찬의 마지막 잔을 거르셨다고 언급한다. 그리고 그 의도를 이렇게 기록한다. "내가 너희에게 말한다. 내 아버지의 나라에서 너희와 함께 새 포도주를 마실 그날까지, 이제부터 포도나무 열매로 빚은 것을 다시는 마시지 않겠다."(마태 26,29; 마르 14,25; 루카 22,18 참조)

공관 복음서는 이 네 번째 잔이 누락된 것에 대한 문제를 제기하지만, 해결책을 내놓지는 못한다. 만약 우리에게 마태오, 마르코, 루카 복음서만 있었다면, 예수님께서 다시 오실 때까지 네 번째 잔을 미루고 계셨다고 결론지을 수 있다. 그러나 요한 복음서는 공관 복음서를 보완하고 조명하며 완성한다.

요한 복음서에서는 예수님께서 네 번째 잔을 마시는 것을 미루신 이유를 설명한다. 요한 복음서에서는 독자들이 2층 방에서 무슨 일이 벌어졌는지 알고 있으며, 예수님께서 겟세마니 동산에서 어떤 기도를 바치셨는지 알고 있다고 가정한다. 그러면서 전체 맥락을 이해하도록 이끈다. 요한 복음서에서는 예수님께서 겟세마니에서 바치신 기도를 알려 주지 않는다. 그러나 복음서 중 유일하게 예수님께서 베드로 사도에게 하신 말씀을 전한다. "그 칼을 칼집에 꽂아라. 아버지께서 나에게 주신 이 잔을 내가 마셔야 하지 않겠느냐?"(요한 18,11) 만약 공관 복음서의 전승을 모른다면 '이 잔'에 대한 언급은 어떠한 의미도 없을 것이다.[30]

네 복음서 모두 십자가형이 집행될 때, 군사들이 예수님께 신 포도주를 드렸다고 전한다. 그러나 마태오와 마르코와 루카 복음서에서는 예수님께서 포도주를 드셨는지 알려 주지 않는다. 그렇다면 그분께서 포도주를 마셨는지 어떻게 알 수 있을까? '하느님 나라'에서 마시겠다고 하신 말씀이 세상 종말 때 당신의 재림을 의미하는 것이 아님을 어떻게 알 수 있을까?

예수님께서 돌아가신 장면을 직접 목격한 요한 사도가 예수님께서 포도주를 드셨다고 확신에 차서 전해 주었기 때문이다(요한 19,29-30 참조). 그래서 요한 복음서에서는 하느님 나라가 많은 사람들이 그리던 것과는 다르다고 밝힌다. 하느님 나라의 본질은 자유로이 완전히 주어진 하느님의 사랑이며, 이는 십자가 위에서 드러난다(요한 12,31-33 참조).

그들의 때와 예수님의 때

나는 요한 복음서를 계속 연구하면서, 예수님께서 제자들이 마지막 때가 오기까지 견디도록 준비시키시는 모습을 여러 번 발견했다. 예수님께서는 당신 사명을 완수하실 때를 자주 언급하셨으며, 그 시간을 두고 '때'라고 부르셨다. 나는 4세기경의 위대한 교부이자 학자 아우구스티노의 작품에서 '때'와 '잔'이라는 용어가 요한 복음서에서 동의어로 쓰인다는 것을, 곧 "예수님께서 수난의 때를

가리키실 때, 잔이라는 용어를 함께 사용하면서 표현하신다는 것"을 알게 되었다.[31]

요한 복음서에서 '때'는 나에게 파스카와 잔을 이해하는 열쇠가 될 것이다. 나는 이 문제를 입학한 지 얼마 되지는 않았지만 지적으로 성숙한 대학생 모임에서 다루었다.

'때' 또는 '시간'이라는 단어는 그리스어로 '호라hora'인데, 이는 복음서에서 특별히 자구적(문자적) 의미를 지닌다. 요한 복음사가와 예수님께 이 단어는 특히 예수님의 생애와 사명의 정점인 당신 자신을 희생 제물로 내어주신 역사적인 사건을 가리킨다. "그러자 그들은 예수님을 잡으려고 하였지만, 그분께 손을 대는 자는 아무도 없었다. 그분의 때가 아직 오지 않았기 때문이다."(요한 7,30) "예수님께서 성전에서 가르치실 때 …… 아무도 그분을 잡지 않았다. 그분의 때가 아직 오지 않았기 때문이다."(요한 8,20)

예수님께서 체포당하시는 장면은 이 '때'가 언제 도래할지 명확하게 알려 준다. 이 '때'는 수난, 죽음, 부활을 통해 이루어질 당신 생애의 마지막 날에 도래할 것이다. 하지만 이 '때'에는 더 많은 것들이 뒤따른다. 요한 복음서 전체에서 '때'에 관한 예수님의 모든 언급을 살펴보면서, 이 단어가 지닌 영성적 의미를 깊이 알아차릴 수 있었다. 요한 복음서의 모든 '때'는 수세기 전 팔레스타인 지방의 한 도시에서 시작된 시간을 가리키지만, 이는 또한 오늘날 그리스도인들이 여전히 알아야 할 시간과 장소를 명확하고 구체적으로 가리킨다.

마리아를 따라서

예수님께서는 다른 단어를 사용하셨을 수도 있다. 현대 영어와 마찬가지로, 아람어와 그리스어에서도 선택할 단어가 풍부했다. 예수님께서는 당신의 '순간', '날', 혹은 '시간' 또는 '때'로 표현할 수 있었다. 하지만 '때'를 선택하셨다. '때'는 매우 일관적이면서도 강력한 정점에 이르게 하는 효과가 있다.

예수님께서는 '때'를 당신이 완수하신 행적, 신앙의 핵심적 신비를 다룰 때 사용하셨다. 예수님께서 처음으로 '때'를 사용하신 것은 바로 처음으로 기적을 일으키신, 갈릴래아 카나의 혼인 잔치에서였다. 예수님께서는 어머니 마리아와 제자들과 함께 혼인 잔치에 초대를 받으셨다. 그런데 얼마 지나지 않아 포도주가 떨어졌다. 이는 분명 갓 혼인한 부부에게 난처한 상황이었다. 마리아는 예수님께 "포도주가 없구나." 하고 말씀하셨다(요한 2,3 참조). 그러자 예수님께서는 이렇게 대답하셨다. "여인이시여, 저에게 무엇을 바라십

니까? 아직 '저의 때'가 오지 않았습니다."(요한 2,4)

예수님의 대답이 이상하다고 여겨지는가? 마리아는 단순하게 당신이 관찰하신 것을 전한다. 포도주가 떨어졌다고 말이다. 그러나 예수님께서는 어머니의 말씀을 확대 해석하여 받아들이시는 것으로 보인다. "여인이시여, 저에게 무엇을 바라십니까? 아직 저의 때가 오지 않았습니다." 하는 예수님의 대답은 어머니 마리아가 전하신 내용에 대한 대답과는 거리가 멀다. 하지만 그렇지 않을 것이다.

"아직 저의 때가 오지 않았습니다." 하신 예수님의 말씀을 이해하려면, 그 이면을 짐작해야 한다. 분명히 예수님께서는 중요한 일이 일어날 '때'를 예상하신다. 그 '때'가 지금은 아니다. 이 상황을 약혼한 남자가 약혼한 여자에게 방을 둘러보게 하는 것에 비교해 볼 수 있다. 아마도 약혼녀는 이렇게 말할 것이다. "무슨 말씀을 하시나요? 아직 때가 오지 않았어요." 그 시간은 언젠가 찾아올 것이다. 아직은 아니지만, 언젠가는 약혼한 남녀가 침실로 들어갈 적절한 때 말이다.

하지만 카나의 혼인 잔치 대화의 이면에 담긴 것은 무엇이었을까? 무엇이 예수님께 당신의 '때'를 떠올리게 했을까? 어머니 마리아의 요청에서 무엇이 당신 자신을 바칠 때가 아직 멀었다는 점을 암시할까? 나머지 장면을 보면서 혼인 잔치가 예수님의 수난, 죽음, 부활과 어떤 공통점이 있는지 자세히 살펴보자.

당신 아드님을 향한 마리아의 요청은 놀라운 결과를 이끌어 낸다. "거기에는 유다인들의 정결례에 쓰는 돌로 된 물독 여섯 개가 놓여 있었는데 …… 예수님께서 일꾼들에게 '물독에 물을 채워라.' 하고 말씀하셨다. 그들이 물독마다 가득 채우자, 예수님께서 그들에게 다시, '이제는 그것을 퍼서 과방장에게 날라다 주어라.' 하셨다.…… 과방장은 포도주가 된 물을 맛보고 그것이 어디에서 났는지 알지 못하였지만, 물을 퍼 간 일꾼들은 알고 있었다. 그래서 과방장이 신랑을 불러 그에게 말하였다. '누구든지 먼저 좋은 포도주를 내놓고, 손님들이 취하면 그보다 못한 것을 내놓는데, 지금까지 좋은 포도주를 남겨 두셨군요.'"(요한 2,6-10)

예수님의 때에 관하여 이 이야기가 알려 주는 것은 무엇일까? 우리는 예수님께서 카나에서 첫 '표징'을 드러내셨다고 들었다. 요한 복음사가는 '이적'이나 '기적' 대신에 '표징'이라는 단어를 택한다. 왜냐하면 표징은 기적이기도 하지만, 그보다 더 큰 무엇을 나타내는 전조이기도 하기 때문이다.

다시 예수님과 어머니 마리아 사이의 대화를 들여다보자. 마리아의 요청에서 도화선이 되는 것은 이 말씀이었다. "포도주가 없구나."

예수님께서는 당신의 때가 다다랐음을 알고 계셨고, 가장 좋은 포도주를 제공하실 수 있었다. 하지만 결정적인 때는 아직 오지 않았다.

사마리아 여인이 얻은 선물

'때'를 설명하는 다음 이야기로 넘어가 보자. 요한 복음서 4장에서 예수님께서는 오늘날 '소외된 이'로 불릴 사람과 이야기를 나누신다. 그 사람은 사마리아인으로, 이스라엘 민족의 후손이었으나 수세기 동안 우상을 믿었다. 따라서 경건한 유다인들은 사마리아인들과 상종하지 않았다. 그러나 예수님께서는 사마리아 여인을 택하시어 '때'와 관련된 당신의 가르침을 명확하게 제시하신다. 사마리아 여인은 종교적 차이로 인해 유다 사람과 사마리아 사람이 서로 말도 섞지 않는다는 사실을 말하지만, 예수님께서는 이렇게 대답하신다. "여인아, 내 말을 믿어라. 너희가 이 산도 아니고 예루살렘도 아닌 곳에서 아버지께 예배를 드릴 때가 온다. …… 그러나 진실한 예배자들이 영과 진리 안에서 아버지께 예배를 드릴 때가 온다. 지금이 바로 그때다."(요한 4,21-23)

다시 한 번 우리는 예수님께서 당신의 때를 언급하시는 모습을 발견한다. 이는 당신의 수난을 둘러싼 역사적인 사건을 넘어선다. 카나의 혼인 잔치에서 말씀하셨던 당신의 '때'가 찼을 때 포도주를 주시겠다는 점을 뜻했다면, 사마리아 여인과 나눈 대화에서 드러나는 당신의 '때'는 또 다른 차원을 보여 준다.

우리는 이 구절에서 예수님의 때가 포도주를 주시는 시간만을 가리키지 않음을 알게 된다. 이는 예루살렘 성전에 있는 유다인들조차 알지 못했던 완전히 새로운 방식의 예배를 드리는 때를 가리켰다. 때가 차면 생수와 같은 성령이 사람들 마음에 부어져 모든 이가 '영 안에서' 아버지께 예배를 드릴 것이다.

이 넘쳐흐르는 영이 모든 것을 바꾸어 놓았다. 예수님의 때에 중요한 것은 예배하는 장소가 아니라 어떻게 예배를 드리는지다. 예배는 선택받은 이들이나 예루살렘 성전에서만 드리는 것이 아니다. 유다인들이 영적으로 죽은 상태라고 간주한 이들도 '영적으로' 예배를 드릴 수 있다. 하지만 어떻게 이것이 가능할까? 그 답은 바로 '때'에 있다.

그리스인들이 드러낸 선물

요한 복음서 5장에서 예수님께서는 안식일에 치유 기적을 행한 이유를 설명하면서 당신의 때에 관한 주제를 다시 다루신다. "내가 진실로 진실로 너희에게 말한다. 죽은 이들이 하느님 아들의 목소리를 듣고 또 그렇게 들은 이들이 살아날 때가 온다. 지금이 바로 그때다."(요한 5,25)

여기서 우리는 예수님의 때에 관한 세 번째 관점을 본다. '좋은 포도주'가 전해질 예배의 때뿐만 아니라, 하느님의 말씀이 사람들을 회개와 용서로, 곧 새로운 생명으로 이끄는 때를 가리킨다.

예수님께서 당신의 때를 다루시는 그다음 장면은 파스카 축제 때다(요한 12,20 이후). 예루살렘에 머물던 몇몇 그리스 사람들이 필립보에게 다가가 예수님을 뵙고 싶다고 청한다. 필립보와 안드레아는 예수님께서 그들을 만나 보겠다고 말씀하시길 기대했을 것이다. 그러나 카나에서처럼 예수님께서는 전혀 기대하지 않은 방식으로, 오히려 어리둥절하게 만드는 대답을 건네신다. "사람의 아들이 영광스럽게 될 때가 왔다. 내가 진실로 진실로 너희에게 말한다. 밀알 하나가 땅에 떨어져 죽지 않으면 한 알 그대로 남고, 죽으면 많은 열매를 맺는다."(요한 12,23-24)

잠깐! 사도들이 예수님께 몇몇 그리스 사람들이 당신을 뵙고 싶어 한다고 전하니, 죽음과 열매, 밀알을 언급하시며, 당신의 때가 왔다고 말씀하신다. 여기엔 분명 어떤 의미가 담겨 있을 것인데 과연 무엇일까? 사도들은 분명 당황했을 것이다. 그들은 그저 청했을 뿐이고, 예수님께서는 설교로 응답하셨다. 그분께서 그리스 사람들을 만나셨는지 확인할 방법이 없다.

이 진귀한 구절에서 많은 일이 벌어진다. 하나하나 세세하게 살펴보자.

이때를 위해 마련된 어린양

첫째로, 파스카 축제 중에 이 대화를 나누었다는 사실을 알 수 있다. 파스카 예식의 핵심은 흠 없는 어린양을 희생 제물로 바치는 것이었다. 요한 복음서에서는 명백하게 예수님을 '하느님의 어린양'으로 지칭한다(요한 1,29.36 참조). 그렇다면 어린양의 '때'는 파스카 축제 날이다. 이제 이스라엘 자손들뿐만 아니라 이방인들과 그리스인들까지 해방을 얻었기 때문에 이 파스카는 특히 중요하다.

그렇다면 그리스인들과 만났을 때 '어린양'이라는 비유를 쓰시는 것이 적절했을 터다. 하지만 예수님은 어린양 대신에 밀알을 말씀하시고, '많은 열매'를 맺기 위해서는 밀알이 '죽어야 한다'고 말씀하신다. 그렇다면 곡물을 수확해서 얻게 된 산물은 무엇으로 나타날까? 물론 빵으로 나타난다.

지금이 바로 '**그 때**'라고 예수님께서 말씀하신다. 이는 파스카를 가리킨다. 예수님은 어린양이시다. 그리고 당신 자신의 희생 제사를 말씀하신다. 이는 이후의 구절에서 더 명확하게 나타난다. 당신의 때를 다시 언급하면서 이렇게 말씀하신다. "이제 제 마음이 산란합니다. 무슨 말씀을 드려야 합니까? '아버지, **이때**를 벗어나게 해 주십시오.' 하고 말할까요? 그러나 저는 바로 이때를 위하여 온 것입니다."(요한 12,27)

하느님 드라마에서 펼쳐지는 중요한 장면을 우리는 놓쳐서는 안 된다. 여기서 예수님께서는 당신 자신을 완전한 희생 제물로 바치고 계신다. 우리는 이러한 사실, 곧 당신 자신을 바치셨음을 분명히 알아야 한다. 예수님은 로마 제국에 의해 사형당한 불행한 희생자가 아니셨다. 그분의 목숨을 빼앗은 것이 아니라, 당신 친히 내어놓으신 것이었다(요한 10,17-18 참조). 빌라도나 카야파나 헤로데가 그분께 사형을 선고하기 이전에, 예수님께서는 당신 생명을 내어놓으셨다. 누가 당신께 손을 대기 이전에 파스카를 경축하시고 파스카 만찬을 주님의 만찬으로 바꾸셨다. 이는 밀알 하나가 땅에 떨어져 죽어서 얻은 열매다.

요한 복음서에서는 이 모든 것이 파스카 축제 이전에 일어났다고 전한다. "파스카 축제가 시작되기 전, 예수님께서는 이 세상에서 아버지께로 건너가실 때가 온 것을 아셨다."(요한 13,1) 며칠 뒤, 다른 세 복음서에서 나타나듯이, 우리는 예수님께서 빵과 포도주를 축성하면서 당신의 몸과 피라고 선언하시는 장면을 본다. 하지만 요한 복음서에서만 이상하게도 파스카 만찬에 대한 내용을 구체적으로 언급하지 않는다. 하지만 만찬을 제외한 그 밖의 내용은 묘사한다. 식사가 끝날 무렵 예수님께서는 이렇게 말씀하신다. "아버지, 때가 왔습니다. 아들이 아버지를 영광스럽게 하도록 아버지의 아들을 영광스럽게 해 주십시오. 아버지께서는 아들이 아버지께서 주신 모든 이에게 영원한 생명을 주도록 아들에게 모든 사람에 대한 권한을 주셨습니다."(요한 17,1-2)

우리는 이 일이 언제 일어날지 안다. 바로 '그 때'에 일어날 것이다. 우리는 무슨 일이 일어나는지 안다. 인류는 '성령 안에서' 성부와 성자께서 나누시는 친교와 영광에 참여할 것이다. 다음은 많은 해석가가 '대사제의 기도'라고 일컫는 구절이다. 예수님께서는 이렇게 기도하신다. "그들이 모두 하나가 되게 해 주십시오. 아버지, 아버지께서 제 안에 계시고 제가 아버지 안에 있듯이, 그들도 우리 안에 있게 해 주십시오."(요한 17,21) 예수님의 때에 담긴 중요성을 놓치면 안 된다. 예수님께서는 우리의 '하나됨'이 삼위일체의 '하나됨'**처럼 될 것**이라고 말씀하지 않으신다. 우리가 이루는 '하나됨'은 삼위일체의 '하나됨' 그 자체가 **되리라고** 말씀하신다. 곧 닮거나 비슷해진다는 의미가 아니라 **같아질** 것이라고 밝히신다! 바로 이 때에 하느님과 누리는 가장 친밀한 친교가 무엇인지 알게 될 것이다.

이 기도를 바치신 직후에, 예수님께서는 체포되시어 처형장으로 끌려가셨다. '그 때'라는 자구적 의미와 역사적 의미가 펼쳐지기 시작했다.

다가오는 때

십자가가 역사적 사건이라는 명백한 의미 외에, 예수님의 '그 때'에 관하여 우리는 무엇을 배울 수 있을까? 그 때에 우리는……

- 좋은 포도주를 마신다.(요한 2,1-11)
- 진리와 영 안에서 새로운 방식으로 예배드리게 된다.(요한 4,23-24)
- 새로운 생명을 얻기 위해 하느님의 말씀을 듣는다.(요한 5,25)
- 이방인이건 유다인이건 모두 함께 모여 새로운 파스카 축제(요한 4,23;

12,20; 13,1 참조)를 지내게 된다.

- 밀알이 죽어 얻게 된 열매인 살아 있는 빵을 모신다.(요한 12,24)
- 모든 이를 당신께로 모아들이시는, 높이 들어 올려지신 하느님의 어린양을 보게 된다.(요한 12,32)

이 목록을 다시 살펴보자. 빵과 포도주, 주님의 말씀, 영적인 예배, 유다인과 그리스인들을 위한 새 파스카. 이를 모두 더하면 무엇이 될까?

나는 계산기를 두드리고 있었다. 그로브 시티 대학에서 강의했을 때에도 그랬다. 이제는 대학 모임의 구성원들도 내가 던진 질문의 의미를 알아차리기 시작했다.

35년이 지난 지금, 대학 모임 구성원 중 한 사람을 제외하고는 모두 가톨릭 신자가 되었다. 나 역시 가톨릭 신자가 되었다. 물론 성급하게 결론부터 말한 것이지만 말이다.

4장

성작과 교회

이 무렵 나는 초세기 교회 교부들의 성경 해석을 꾸준히 찾아보았다. 이러한 노력을 통해 그에 상응하는 결과를 얻었다.

초세기 교부들은 성경을 진지하게 탐구했고, 현대 해석가들이 유비적인 부분이라고 여기고 안간힘을 쓰며 해석하고자 했던 문장을 있는 그대로 받아들이고는 했다. 그들은 성경을 '하나의 정경으로canonical whole,' 곧 구약과 신약이 단일성을 지닌다고 여겼다. 교부들의 이러한 성경 읽는 방법은 나에게 매력적으로 다가왔다. 하느님의 계약에 대한 그들의 접근법은 일관되며 연속성을 지녔다. 교부들은 성경에 나타나는 계약들 사이에 어떠한 분열이나 모순도 발견하지 못했다. 그들은 이러한 방법으로 성경에 접근할 것을 개별 교회에 명령했다. 성경에 충실한 교부들의 방식에 나는 경탄했다.

예수님의 최후의 만찬에서 많은 것을 알아냈기에, 나는 초세기 교회가 그들의 잔에 둔 가치, 곧 성작과 다른 예식의 집기에 고귀한 가치를 두었다는 사실을 발견했을 때 놀라움을 금치 못했다. 요한 크리소스토모는 주님의 만찬에 쓰인 잔을 두고 "권능으로 뒤덮인 두려운 잔이며, 창조된 그 어떤 것보다 더 존귀하다." 하고 언급했다.[32]

밀라노의 암브로시오는 주님의 만찬에 사용한 집기는 이후에 다른 어떤 용도로도 사용할 수 없다고 밝힌다. 누구도 교회 밖으로 이 집기를 가져가지 못했다. 만약 다른 집기로 교체되거나 더 이상 쓰일 수 없다면, 반드시 '부수고 녹여서' 없애야 했다. 왜냐하면 그 집기는 성스러웠으며, "거룩한 용도를 위해서 …… 축성되었기 때문이었다."[33] 암브로시오가 있었던 도시에서, 그릇은 대부분 금으로 만들어졌다.[34] 이는 특이한 것이 아니었다. 이교도 법원 속기사가 적은 4세기 북아프리카 순교자들의 법정 판결문에 따르면, 로마의 관리들이 교회의 재산 중 '금으로 된 성작 두 개'를 몰수했다는 기록이 있다.[35]

100년경, 교부 테르툴리아노는 착한 목자가 그려진 장식된 전례

용 성작에 대해 묘사했으며,[36] 이렇게 금으로 장식된 성작이 로마 카타콤에서 발견되었다.

교회는 주님의 만찬에 쓰인 잔을 공경했다. 아타나시오의 적대자들이 날조된 혐의로 그를 체포하려고 할 때, 그들이 상상할 수 있는 가장 해로운 범죄를 꺼내들었다. 적대자들은 아타나시오가 살인죄를 저질렀으며 고의로 성작을 깨뜨렸다고 고소했다. 후자(성작을 깨뜨린 죄)의 경우가 더 중대한 범죄로 간주되었다.[37]

복음주의 교회의 목사인 나에게 교부들의 이러한 경외심은 새롭게 다가왔다. 이는 교회 재산을 관리하는 차원을 훨씬 뛰어넘는 것이다. 이 경외심은 어디서 비롯되었을까?

교부들은 그 이유를 말하길 주저하지 않았다. 고대 교회에서 가장 위대한 성경 학자이며 성경 내 수많은 책을 두 번이나 번역한 예로니모에게서 답을 찾을 수 있었다. 예로니모는 알렉산드리아의 총대주교에게 보낸 편지에서 다음과 같이 썼다.

나는 실천적인 목적으로 교회 내에 무지한 사람들이 그리스도의 제단 위에서 사용하는 거룩한 도구들과 집전자에 대한 경외심을 키우도록 성경의 권위로 지시를 내린 당신의 활동에 감탄합니다. 그리고 그들에게 주님의 수난을 찬양하는 데 쓰이는 거룩한 성작과 천과 그 밖의 부대 용품이 거룩함이 없고 생기 없는 무의미한 물건이 아니라 주님의 몸과 피에 드리는 경외와 똑같이 공경을 드려야 한다는 것을 일깨운 당신의 업적에 감탄합니다.[38]

나는 '거룩한' 기물을 감당할 수 없기에, 그가 언급한 '무지한 사람'에 나 자신도 포함해야 할지 고민했다. 또한 이러한 기물이 '실제로' 예수님의 몸과 피와 접촉한다는 점을 믿지 못했다. 나의 교회에서 하는 예식에서 다루는 빵과 포도주는 상징에 불과했다. 나는 빵과 포도주가 중요한 상징이라고 확신할 준비는 되어 있었지만, 예로니모가 밝히듯이, 경외심을 가지고 공경해야 할 준비는 되어 있지 않았다.

내가 옳을까? 아니면 예로니모가 옳을까? 나는 교부들의 작품을 읽으면서, 그리고 그들을 성경 해석의 권위자로 존경하면서, 나 자신의 의견을 확신할 수 없었다. 만약 갑자기 교부들과 한 방에서 성체성사 안에 현존하시는 예수님의 본질에 대해 그리고 주님의 피가 담긴 성작에 경외를 드려야 하는지 토론한다면, 나 혼자만 복음주의 교회의 관점을 따랐을 것이다.

나는 다음 내용을 발견했다. 48년경에 쓰인 《디다케*Didache*》라는 작품에서, 오직 믿는 이들과 심각한 죄에서 자유로운 이들만 성체를 영할 수 있다고 표현했다.[39] 107년경에 안티오키아의 이냐시오가 쓴 작품에서도 주님의 만찬을 이루는 요소를 두고 '우리 구원자의 몸',[40] 그리고 '하느님의 피'라고 밝힌다.[41] 덧붙여 이냐시오는 이와 같은 사실을 다르게 믿으면 이단이며 부정한 자의 표시라고 지적했다.[42]

그로부터 몇 년 후, 순교자 유스티노의 저서에서 주님의 만찬을 이야기할 때 똑같은 '현실주의적' 언어를 사용함을 발견했다. 유스티노는 이교도 황제인 안토니누스 피우스에게 보낸 《제1호교론 Apologia》에서 다음과 같이 설명한다. "그리스도의 말씀을 담고 있는 감사의 기도를 바칠 때의 음식, 즉 변화되어 우리 살과 피를 양육하는 그 음식도 육화되신 예수님의 살과 피라는 것을 배워 왔습니다."[43] 유스티노는 이에 대한 근거를 복음서에 나오는 최후의 만찬 장면을 인용하여 설명한다.

초기 교부들에게서 나는 또 다른 충격적인 사실을 발견했다. 교부들은 주님의 만찬을 두고 거리낌 없이 '희생 제사'라고 일컬었다. 이냐시오에게 교회는 '제대'이자 '희생 제사를 바치는 장소'였다.[44] 유스티노에게 성체성사는 구약의 말라키 예언자의 예언을 결정적으로 완성하는 희생 제사였다.

그러나 해 뜨는 곳에서 해 지는 곳까지, 내 이름은 민족들 가운데에서 드높다. 내 이름이 민족들 가운데에서 드높기에, 곳곳에서 내 이름에 향과 정결한 제물이 바쳐진다. — 만군의 주님께서 말씀하신다. (말라 1,11)

유스티노는 다음과 같이 설명한다. "주님께서는 당신에게 제물을 바치는 우리를 비롯한 이방인들에게 말씀하신다. 곧, 성찬례의 빵과 성찬례의 잔이라고 말이다."[45]

희생 제사인 성찬례, 주님께서 실제로 현존해 계시는 성찬례……. 나는 이러한 가르침이 교부들 사이에서 일치한다는 점을 알았고, 교부들이 주장한 대로 성경 내용과도 이어진다는 것을 알았다. 초기 교부들(테르툴리아노, 이레네오, 오리게네스, 히폴리토)의 가르침에서 이 사실을 찾았다. 후대의 교부들(치릴로, 암브로시오, 아우구스티노, 요한 크리소스토모)은 이 사실을 더 명확하게 표현했다. 성경 지식이 풍부했던 교부들은 성찬례를 끊임없이 현실적으로 해석했다. 그들은 '권능으로 가득 찬 진노의 잔'을 밝힐 준비를 갖추고 있었고, 성경을 근거로 제시하고자 했다.

예로니모와 요한 크리소스토모는 성경을 읽으며 잔에 대한 경외심을 배웠다. 하느님께서는 모세에게 접시와 잔을 순금으로 만들라고 지시하셨고(탈출 25,29 참조), 백성들은 그렇게 만들었다(탈출 37,16 참조). 여호수아는 이 기물이 '주님께 성별된 것'이라고 기록해 놓았다(여호 6,19 참조). 다윗 임금에게는 이 기물이 '거룩'했고, 이에 동의한 에즈라 또한 이렇게 말한다. "이 기물들도 거룩한 것입니다."(에즈 8,28) 이사야 예언자는 '주님의 기물'을 나르는 이는 도덕적, 전례적으로 합당해야 한다고 경고한다(이사 52,11 참조). 그리고 다니엘 예언자는 신성한 기물을 합당하게 다루지 않을 때 어떤 일이 일어나는지 보여 준다(다니 5장 참조).

새 계약의 나눔 안에서 이러한 기물에 대한 경외심을 격하해야 할 어떠한 이유도 나는 찾을 수 없었다. 예수님께서는 잔을 드신 뒤 축복하시고, 계약의 피로 선포하셨다. 그분께서는 또한 그 잔을 당신의 구원을 가져다주는 고통과 동일하게 여기셨다. 그리고 제자들에게 자신의 잔을 들게 하시고, 당신이 행하신 것처럼 이를 행하라고 말씀하신다.

다시 말하지만, 나는 이 잔이 더 많은 경외심을 불러일으켜야 한다고 생각했다. 하느님께서 참으로 영광의 구름에 싸여 예루살렘 성전에 현존해 계셨다면(에제 10,3-4 참조), 그리고 현존을 나타내는 빵 속에 현존해 계셨다면, 새 계약의 전례에서 드러나는 그분의 현존은 얼마나 더 참된 것이어야 하겠는가?

순교로 증거한 이들

교부들은 성찬례의 잔이 지닌 권능을 조금도 의심하지 않았다. 이 잔은 그들에게 힘과 용기를 주었다. 이 잔이야말로 예수님께서 행하신 대로 그들도 행할 수 있었던 이유였다. 주님의 만찬을 거행할 때뿐만 아니라, 그분처럼 목숨을 내놓을 때도 그러했다. 로마 박해 시기 동안, 교부들은 일관되게 순교를 '잔'이라고 표현했다.

사실 순교의 잔은 예수님께서 바치신 잔과 같은 것으로 보였다. 요한 사도의 제자였던 폴리카르포는 "당신께서는 제가 순교자들 가운데에 동참하고 …… 당신 그리스도의 잔에 참여하게 하셨습니다." 하며 하느님께 감사를 드렸다. 폴리카르포가 순교할 때 희생양처럼 묶여 있었다고 그의 서기는 증언했다. 우리는 '잔', '때', '희생 제물로 바쳐진 동물'이라는 파스카 상징과 폴리카르포의 순교 장면이 접점을 이룬다는 사실을 명백히 알아차릴 수 있다.[46]

박해가 가장 극심했던 그다음 세기 중반에, 카르타고의 치프리아노는 '잔'을 순교와 동의어로 사용했다. 예수님을 주님으로 고백하는 이들이야말로 '순교의 잔을 기꺼이 마시려고 하는 자'라고 기록했다.[47] 치프리아노는 다른 작품에서 그리스도인들은 친교의 잔에 의해 '순교의 잔에 걸맞게' 된다고 말했다.[48] 그들은 순교를 위한 힘을 교회에서 **날마다** 얻고자 했다. 치프리아노는 다음과 같이 설명했다.

더 치열하고 격렬한 싸움이 우리를 위태롭게 만들고 있습니다. 그리스도의 군사들은 매일 그리스도의 피를 마시면서, 썩지 않을 믿음과 굳건한 용기를 지니도록 해야 합니다. 그들 역시도 그리스도를 위해서 피를 흘릴 수 있기 때문입니다.[49]

교회에서 주님의 만찬을 분기별이 아니라 매주 거행해야 한다고 주장했을 때, 사람들은 나를 괴짜로 여겼다. 초세기 교부들은 매일 성찬례를 거행했다고 밝히는 데 말이다. 심지어 당시에 박해를 피해 그리스도인들이 매일 함께 모인다는 것은 위험을 굉장히 무릅쓴 행동이었다.

나는 교부들의 작품을 읽고, 특히 테르툴리아노가 밝힌 그리스도인의 '순교의 잔'이 요한 묵시록의 내용을 성취하는 것임을 알게 되었다. 요한 묵시록 17장 6절을 보면 우의적인 대상인 바빌론은 성도들의 피로 인해 취해 있다.[50] 순교자들에게는 축복의 잔이지만 바빌론에게는 저주의 잔이었다.

교부들의 증언은 모두 성경을 면밀히 추적하는 듯했다. 예수님께서는 반복적으로 당신의 죽음을 두고 '잔'에 비유하셨다. 야고보와 요한 사도는 높은 자리라는 특권을 청했지만, 예수님께서는 그들에게 다음과 같이 물으셨다. "'내가 마시는 잔을 너희가 마실 수 있으며, 내가 받는 세례를 너희가 받을 수 있느냐?' 그들이 '할 수 있습니다.' 하고 대답하자, 예수님께서 그들에게 말씀하셨다. '내가 마시는 잔을 너희도 마시고, 내가 받는 세례를 너희도 받을 것이다.'"(마르 10,38-39) 이는 아마도 야고보와 요한 사도가 주님께서 겪으시는 고통을 함께 겪으리라는 의미였을 것이다. 예수님께서 당신의 고통을 성사적인 용어, 곧 '세례'와 '잔'으로 두 번이나 묘사하셨음에는 특별한 의미가 있다.

최후의 만찬을 거행한 2층 방에서, 예수님께서는 당신의 피가 담긴 세 번째 잔을 선포하셨다. 몇 시간 후 겟세마니 동산에서 고통의 잔을 거두어 달라고 기도하셨다(마르 14,36 참조). 그때 베드로 사도가 일어나 예수님을 체포하려는 자들에게서 그분을 보호하려 하자, 예수님께서는 베드로 사도에게 이렇게 말씀하셨다. "그 칼을 칼집에 꽂아라. 아버지께서 나에게 주신 이 잔을 내가 마셔야 하지 않겠느냐?"(요한 18,11)

치프리아노와 로마 시대의 수많은 그리스도인에게, '이 잔'은 예수님을 위한 순교를 가리켰다. 그리고 그들을 기꺼이 그 잔을 마시고자 했다. 아우구스티노는 이와 관련해서 명확하게 밝혔다. "구원의 잔을 받들면서 주님의 수난을 닮고자 하는 것은 무엇을 뜻하겠습니까? …… 저는 그리스도의 잔을 받겠습니다. 그리고 주님의 수난을 마시겠습니다."[51]

예수님께서는 성사가 당신의 삶을 닮게 하고, 당신 삶과 친교를 이루게 하기를 바라셨다. 내가 배워 온 바, 이는 상징이었으나 그저 단순하게 상징만을 뜻하지 않았다. 이는 하느님의 권능이 담긴 상징이었다. 주님 수난의 잔에는 경외의 권능, 두려운 권능, '진노의 권능'이 있었다.

문답을 통해 키워 가는 신앙

비평가들은 자신이 한 비평을 자신에게 돌려야 하는 순간을 마주한다. 내게도 그러한 순간이 왔다. 사람들이 나의 믿는 '행위'가 가톨릭처럼 보인다고 했을 때 나는 그렇지 않다고 주장했다. 왜일까? 한 가지 예를 들어 보자. 가톨릭 신자들은 미사 때마다 예수님이 희생 제물로 바쳐지심을 믿는다고 했고, 이는 성경에 명백히 모순되었음을 나는 알고 있었기 때문이었다.

그러나 가톨릭 신자들이 이러한 내용을 믿는다는 점을 나는 어떻게 알 수 있었을까?

내가 신뢰하는 저자들이 쓴 책에서 이를 발견했다.

그리고 지금은 초세기 교회 순교자들의 작품을 읽고 있다. 또한 성경을 해석하는 그들의 방법을 신뢰하는 법을 익혔다. 나는 그들이 성찬례를 실제 '살'과 '피'의 '희생 제사'로 여기는 것을 보았다. 그럼에도 그들은 어느 곳에서도 예수님을 다시 죽인다거나, 반복해서 희생물로 바친다고 언급하지 않았다.

나는 가톨릭 신자들이 믿는 내용을 확인하고자 했다. 1980년대 초 미국에는 《볼티모어 교리서 *Baltimore Catechism*》만큼 널리 통용된 가톨릭 교회의 권위적인 작품은 없었다. 이 교리서는 단순하게 질문과 답변으로 이루어져 있었다. 《볼티모어 교리서》에서는 미사란 반복해서 바치는 희생 제사가 아님을 분명히 가르친다.[52] 오히려 더 나아가 미사는 십자가 위에서 바쳐진 희생 제사와 동일한 것이라고 가르친다. 교리 문답 내용은 간결하지만, 이 희생 제사에 관한 문제는 비교적 상세히 기술해 놓았다.

265.
문 ― 미사는 십자가의 희생 제사와 동일합니까?
답 ― 미사는 십자가의 희생 제사와 동일합니다.

267.

문.— 미사가 어떻게 십자가의 희생 제사와 동일합니까?

답 — 사제가 바치는 제물이 우리 주 그리스도로 동일하고, 미사를 바치는 목적이 십자가의 희생 제사의 목적과 동일하기에 미사는 십자가의 희생 제사와 동일합니다.

268.

문 — 십자가의 희생 제사와 미사의 다른 점이 있습니까?

답 — 네. 희생 제사가 바쳐지는 방식이 다릅니다. 십자가 위에서 그리스도께서는 실제 피를 흘리시고 살해되셨으나 미사 때는 피를 흘리지도 죽지도 않습니다. 왜냐하면 그리스도께서 더 이상 죽지 않으시기 때문입니다. 그러나 빵과 포도주를 따로 축성하는 것은 그분의 십자가 죽음을 드러냅니다.[53]

이 모든 내용이 매우 새로웠다. 이 내용은 20세기 전반까지 초등학생 수백만 명이 사용한 가톨릭 신앙의 기본 교재에서 발췌한 내용이지만 나에게는 완전히 새로운 내용이었다. 이 내용은 그동안 내가 배운 비가톨릭, 반가톨릭 자료와 정면으로 모순되었다.

게다가 이 교리서의 내용은 내가 초세기 교회 교부들에게서 발견한 자료의 신학적인 요약이자 종합판 같았다. 교부들의 권고에 담긴 것이 이 문답에서 명확해졌다.

물론 이러한 사실이 나를 가톨릭으로 개종하도록 이끌지는 않았다. 하지만 이 일을 계기로 자기 비판적인 자세를 취하게 되었다. 그리고 그동안 아무렇지 않게 받아들였던 잘못된 편견을 뉘우칠 준비를 갖추었다.

이 사실은 또한 나의 독서와 연구에 길을 새롭게 열었다. 이전에 각주로만 접했던 심오한 학문의 세계를 발견하게 되었다. 이후에 나는 가톨릭 대학에서 수업을 들으며 성경에 나타나는 계약에 관해 나와 비슷한 관점을 지닌 사람들을 발견하게 되었다. 그리하여 나는 밀워키에 있는 가톨릭 재단 학교인 마르케트 대학교의 박사 과정에 지원했다.

나는 가톨릭 신자들과 함께 잔을 마실 준비가 아직 되어 있지 않았다. 하지만 그들과 함께 성경을 읽을 준비는 되어 있었다.

5장

전례에 담긴 파스카적 특징

나는 여전히 가톨릭 미사에 참례하지 않았다. 그러나 더 이상 가톨릭 예식이나 신학을 다루는 것을 거부하거나 두려워하지 않았다. 나는 많은 가톨릭 작가들의 작품이 있음을 알아 차렸고, 읽으면 읽을수록 부끄러움은 수그러들었다.

하지만 미사에 참례한다는 것은 하나의 커다란 도약과 같았다. 나는 교부들의 작품을 읽으며 성찬례가 가장 장엄한 예식이면서도 계약과 연관된 예식이라는 사실을 알게 되었다. 영화를 보러 가는 것이나, 연주회를 가거나, 복음주의 교회의 주일 예배에 참석하는 것과는 완전히 달랐다. 만약 미사에 대해 가톨릭 신자들이 지니는 의미가 옳다면, 단순히 미사에 참례하는 것만으로도 영적 차원에 지각 변동을 일으키는 사건임에 틀림없다. 물론 가톨릭 신자들이 틀렸다면, 그들이 드리는 미사는 어쩌면 가장 심각한 신성 모독일 수도 있다. 나는 여기에 휘말리고 싶지 않았다. 그러나 미사를 생각하면 할수록, 나를 지켜 줄 만한 중간지대가 없음을 깨닫게 되었다.

가톨릭 학자들의 작품을 계속 읽으면서 미사가 신성 모독이 될 수 없다는 생각이 들었다. "성령에 힘입지 않고서는 아무도 '예수님은 주님이시다.' 할 수 없습니다."(1코린 12,3) 하는 성경 구절을 나는 잘 알고 있다. "그대가 예수님은 주님이시라고 입으로 고백하고 하느님께서 예수님을 죽은 이들 가운데에서 일으키셨다고 마음으로 믿으면 구원을 받을 것입니다."(로마 10,9) 하는 구절도 알고 있다. 작품의 저자들은 예수님의 참된 신성과 인성, 그리고 육신의 부활을 철저히 믿었다. 그들은 예수님을 부활하신 주님으로 선포하고자 했다. 그들은 '성령에 힘입어' 그렇게 하고자 했고, 신성 모독인 예배를 드리고자 하는 이는 성령 안에 살아갈 수 없었다.

마르케트 대학교에서 첫 학기를 보낸 어느 날, 나는 용기를 내어 미사에 참례하기로 결심했다. 단순히 역사적 조사와 연구를 위해 관찰하려고 말이다. 그리고 주일 미사보다 사람이 덜 붐비는 평일 미사에 참례하기로 결정했다. 나는 성경과 노트를 들고 학교의 경당 뒤편에 앉아 준비를 단단히 갖추었고, 경계를 늦추지 않았다.

어떤 것도 나에게 해를 끼칠 수 없을 것이라 여기며 스스로 안전하다고 생각했다.

하지만 나는 전혀 준비가 되어 있지 않았음을 깨달았다. 미사는 나를 구약과 신약 성경의 내용에 젖어들게 만들었다. 그러나 이는 성경 공부나 수업과 전혀 달랐다. 미사에 재미있을 만한 요소는 없었다. 나의 감정을 자극하기 위해 보정되거나 계산된 것은 아무것도 없었다.

그러나 미사의 말씀과 예식은 하느님께로 향했으며, 모두 하느님에 관한 것이었다. 그 예식의 형태는 삼위일체 정식을 따랐으며 바오로 사도의 축복이 담긴 인사말과 비슷했다. 사람들이 직접 성경을 읽지는 않았지만, 사제는 창세기부터 요한 묵시록에 이르기까지 다양한 부분을 인용하고 암시하는 기도를 바쳤다.

마르케트 대학교의 경당에서 본 모든 것은 성경의 제일 마지막 책인 요한 묵시록을 떠올리게 했다. 제대와 차려입은 성직자가 있었고, 황금색 등잔대가 놓여 있었다. 사람들은 "거룩하시도다, 거룩하시도다, 거룩하시도다." 하고 천국에 있는 천사들이 불렀던 노래를 외쳤다. 그리고 계속해서 예수님을 '어린양'으로 언급했다.

미사 예식은 마치 천국을 연상시키며 실제로 천국에 있는 듯한 느낌을 주었다. 파스카의 특징이 미사 전반에 걸쳐 나타났다. 물론 예수님의 파스카 안에서만 의미를 지닐 수 있는 '어린양'에 관한 언급만을 가리키지 않았다. 미사 전체가 파스카 상징으로 가득했다. 나는 첫날 많은 상징을 알아차렸고, 이후에 미사에 참여하면 할수록 더욱 많은 상징을 알게 되었다.

가톨릭 신자들이 미사를 통해 갱신하는 계약과 이스라엘 민족이 매년 파스카 축제를 통해 갱신했던 계약은 일관되면서도 (구약을 성취한다는 뜻의) 연속성을 지닌다는 결론을 내릴 수밖에 없었다. 이는 성경에 매우 근거했으며 그리스도 중심적이었다.

미사에서 가장 분명하게 드러나는 파스카적인 모습, 곧 파스카 만찬에 익숙한 이라면 누구나 알아차릴 수 있는 부분을 살펴보자.

어린양에 대한 언급

미사에서 파스카를 지칭하는 가장 분명한 단어는 바로 '어린양'이다. 비록 미사에서 바치는 기도문이 멜키체덱의 만찬(창세 14,18-20 참조)을 비롯한 구약 성경의 다른 예식을 가리키기도 하나, 어린양에 관한 언급이 지배적이었다.

어린양은 미사의 초반부인 대영광송에서 언급된다.

"주 하느님, 성부의 아드님, 하느님의 어린양, 세상의 죄를 없애시는 주님."

성찬 전례 때 어린양은 다섯 번(한국어 미사 경문에는 네 번 언급된다. ― 역자 주)이나 언급된다.

모두 ― 하느님의 어린양, 세상의 죄를 없애시는 주님, 자비를 베푸소서. 하느님의 어린양, 세상의 죄를 없애시는 주님, 자비를 베푸소서. 하느님의 어린양, 세상의 죄를 없애시는 주님, 평화를 주소서.
사제 ― 보라! 하느님의 어린양, 세상의 죄를 없애시는 분이시니 이 (어린양의) 성찬에 초대받은 이는 복되도다.

널리 알려진 감사 기도 중 하나에서도 어린양이라는 단어가 직접적으로 나타나진 않으나, 예수님을 어린양으로 묘사한다. 《화해》 감사 기도 제1양식에서는 파스카와 계약의 갱신이라는 명확한 맥락을 제시하면서 성찬 제정문이 시작된다. "성자께서는 하늘과 땅 사이 십자가에서 팔을 펼치시기 전에 지울 수 없는 계약의 표지로 당신 제자들과 함께 파스카 만찬을 거행하셨나이다." 이어 기도는 미사를 가리켜 "저희의 파스카이며 영원한 평화이신 성자 예수 그리스도의 죽음과 부활을 기념"하는 것이라고 파스카 용어를 빌려 설명한다. 바오로 사도와 마찬가지로(1코린 5,7 참조), 기도문은 '파스카'를 '파스카 어린양'의 약칭으로 사용한다.

파스카와 마찬가지로 미사에서도 기도는 이 거행의 특징을 규정한다. 미사는 장엄한 '어린양의 만찬'이며 희생 제사고, 희생 제물은 바로 '어린양'이다. 어린양의 피는 하느님의 선택받은 민족에게 '자비'를 선사한다.

알렐루야 노래 부르세

파스카의 특징이 담긴 기도가 또 있다. 바로 복음 낭독 전에 노래하거나 암송하는 '알렐루야'다. 이는 그저 한 단어에 불과하고, 몇 번을 말하는지 알아차리지 못할 정도로 흔하게 사용되기에 파스카의 특징을 지니고 있다는 사실을 놓치고는 한다. 그러나 예수님 시대의 유다인들에게 이 단어는 파스카를 떠올리게 하기에 중요한 의미를 지닌다.

초세기 교회는 이 단어를 번역하지 않고 성경 원문이나 전례 경문에 그대로 사용했다(묵시 19,1-6 참조). 히브리어인 '아멘'처럼, '알렐루야'는 단어가 나타내는 의미 때문에 신성하게 여겨졌다. '알렐루야'(혹은 '할렐루야')는 문자 그대로 '주님을 찬양하라!'는 뜻이다. 이는 전능하신 하느님의 창조와 구원 업적에 흠숭을 드리는 시편 기도의 주된 주제이기도 하다. 앞서 언급했듯이, 이 모든 기도를 총칭하려 '할렐Hallel'이라고 부르는데 이는 히브리어로 '찬미'를 뜻한다.

파스카 축제 때, 사람들은 만찬을 하는 동안 식탁에 둘러 앉아 이 찬송을 불렀다. 예식에서 찬송은 두 그룹으로 나눌 수 있다. 하나는 길고(대 알렐루야), 다른 하나는 상대적으로 짧다(소 알렐루야).

《미쉬나》에 따르면 시편을 이러한 묶음으로 구분해야 하는지에 대한 논쟁이 1세기에 있었다고 한다.[54] 샴마이 학파는 시편 113편만 '소 알렐루야'로 규정했지만, 힐렐 학파는 시편 113편과 114편을 짝지어 '소 알렐루야'로 규정했다(샴마이 학파와 힐렐 학파는 기원전 1세기경에서 기원후 1세기경까지 두드러진 유다교 사상 학파로, 샴마이 학파는 보수적이며 엄격한 입장을 취했고, 힐렐 학파는 다소 유연한 입장을 취했다. ─ 편집자 주). 예수님과 제자들이 어떤 묶음을 선호했는지는 알 수 없다.

어쨌든 사람들은 저녁 식사를 시작하기 전에 소 알렐루야를 불렀다. 그리고 시편 115편에서 118편에 이르는 대 알렐루야는 네 번째 잔을 마실 때 불렀다.[55] 이는 예수님과 열한 제자가 2층 방을 떠나 겟세마니 동산에 올라가면서 부른 '찬가'였다.

가톨릭 교회는 계약 갱신에 관한 만찬을 거행할 때, 때때로 이 알렐루야 시편을 독서 때 읽고는 했다. 그러나 복음 선포 전에 노래하는 알렐루야는 이러한 파스카 노래의 정신을 고스란히 담고 있다.

사순 시기에 가톨릭 교회는 알렐루야를 부르지 않는다. 왜일까? 사순 시기는 그리스도인들의 파스카인 부활절을 준비하는 시기이기 때문이다. 가톨릭 전례상 사순 시기에서 부활 시기로 넘어갈 때, '알렐루야'라는 단어는 단순히 복음서 낭독 이전으로 되돌리는 것이 아니라, 50일의 부활 시기 동안 거행될 미사의 기도문을 가득 채운다. 요한 바오로 2세 교황이 즐겨 썼던 표현 중 하나가 이를 잘 드러낸다. "우리는 부활의 사람들입니다. 그러므로 알렐루야는 우리의 노래입니다."[56]

거부할 수 없는 예물

말씀 선포(말씀 전례)에서 예물을 바치는 것(성찬 전례)으로 미사의 전례가 옮겨 가는 과정에서 중심에 있는 것은 예물 준비(기도)다. 아마도 이 예물 준비 기도가 가장 파스카 형태를 지닌 기도라고 볼 수 있을 것이다.

먼저 파스카 만찬의 축복을 살펴보자. 첫 번째 축복은 누룩 없는 빵 위에, 두 번째 축복은 포도주 잔에 바쳐진다. 가톨릭 신자이건, 미사에 참석한 가톨릭 신자가 아닌 이들도 이 단어의 울림에 친숙해져야 한다.

땅의 열매를 만드신 온 누리의 임금이시며 주님이신 우리 하느님, 찬미받으소서.

술의 열매를 창조하신 온 누리의 임금이시며 주님이신 우리 하느님, 찬미받으소서.

이어지는 축복문은 미사 때 빵과 포도주를 바치며 드리는 예물 준비 기도다.

사제 ― 온 누리의 주 하느님, 찬미받으소서. 주님의 너그러우신 은혜로 저희가 땅을 일구어 얻은 이 빵을 주님께 바치오니 생명의 양식이 되게 하소서.
사제 ― 온 누리의 주 하느님, 찬미받으소서. 주님의 너그러우신 은혜로 저희가 포도를 가꾸어 얻은 이 술을 주님께 바치오니 구원의 음료가 되게 하소서.

히브리어나 역사학을 전공하지 않았더라도, 우리는 미사의 기도문이 파스카 축제 때 쓰인 기도문의 발전된 형태임을 알아차릴 수 있다. 파스카 만찬 때 전통적으로 쓰인 축복문은 예수 그리스도 안에서 성취된 파스카와 성체성사를 통해 실제로 현존하시는 예수님을 기념하기 위해 보완되었다는 사실을 미사 때 드리는 기도문에서 발견할 수 있었다.

평생 동안 개신교 신자로 살아 왔고 냉소적인 자세로 대학 경당에 들어선 나조차도, 이 기도의 기원이 어디서 비롯되었는지 그리고 이 기도를 통해서 교회가 무엇을 행하는지 알아차릴 수 있었다.

물과 술이 하나되듯이

나는 예물 봉헌(기도)에서 기도문뿐만 아니라 행위에서도 파스카를 알아차렸다. 봉헌된 예물은 파스카 축제를 이루는 기본 요소인 누룩 없는 빵과 포도주였다. 포도주는 일반적인 빵과 마찬가지로 유다인들의 모든 만찬에 쓰였으나, 누룩 없는 빵은 오직 파스카 축제에서만 쓰였다.

사제가 포도주를 준비하는 방식도 유다인들의 잔치를 떠올리게 했다. 대부분의 고대 사람들처럼, 유다인들은 포도주를 섞어 마셨다.[57] 그들은 '포도나무 열매'를 짜서 농축된 형태로 저장해 두었고, 잔에 담아 나르기 전에 희석했다. 나는 이러한 관습을 구약 성경에서도 발견했다. 구약 성경에서는 만찬에서 쓰이는 섞인 잔을 다음과 같이 말한다. "향료 가득한 거품 이는 술."(시편 75,9), "짐승을 잡고 술에 향료를 섞고 상을 차렸다."(잠언 9,2) 파스카 만찬에 관하여 《미쉬나》는 곳곳에 다음과 같이 언급한다. "그들이 첫 잔을 섞을 때 …… 그들은 그를 위해 두 번째 잔을 섞었다. …… 그들은 그를 위해 세 번째 잔을 섞었다."[58]

이미 언급했듯이, 가난한 사람들도 만찬에서 네 잔을 마시도록 되어 있었으며, 《탈무드》는 섞을 때 비율까지도 규정했다. 그래서 그 누구도 맛없는 포도주를 마시며 축제를 즐기는 일이 없도록 했다.

초세기 교회는 이러한 관습을 계속 행했다. 유스티노의 《제1호교론》에서 그 증거를 찾을 수 있다. 150년경에 쓰인 이 기록을 통해 처음으로 경당에 찾아가 드린 그날의 미사가 파스카 만찬에서 행해졌던 말과 행동을 암시한다는 점을 알아차렸다. "그런 다음 형제들의 수장首長(주례자)에게 빵과 물이 섞인 포도주가 건네지고, 수장은 그것을 받아 …… 모든 이의 아버지께 찬양과 영광을 드립니다."[59]

같은 세기 후반, 이레네오는 자신의 저술에서 미사 때 잔을 섞는 관습을 두 번 언급했다. 그는 다음과 같이 밝힌다. "따라서 섞은 포도주(잔)와 손으로 일군 빵이 하느님의 말씀을 받아들일 때, …… 그리스도의 몸과 피의 성찬례가 완성된다."[60] 다른 곳에서는 예수님의 권위를 인용하여 "섞인 포도주 잔은 바로 예수님의 피"[61]라고 단언한다.

치프리아노는 미사 때 여러 이유로 포도주와 물을 섞는다고 밝힌다. 그러나 가장 중요한 이유는 바로 예수님의 모범에 있다고 가리켰다.[62] 치프리아노는 물과 포도주를 섞는 이유에 대해 우의적인 의미로 해석한다. 곧, 포도주는 예수님을 나타내며, 물은 지상의 교회를 상징한다(이레네오도 이 같은 관점에 동의했다).[63] 암브로시오는 포도주와 물이 십자가에 매달리신 예수님의 옆구리에서 흘러나온 피와 물을 선명하게 드러낸다고 여겼다(요한 19,34 참조).[64]

마르케트 대학교에서 발견한 가치

미사의 세세한 부분뿐 아니라 전체적인 구조가 많은 면에서 파스카 예식을 따른다는 점이 명백해졌다. 이는 규정된 독서(말씀 전례)를 통해 능동적으로 기념하는 것을 담고 있으며, 희생 제물을 받아 모시는 것(성찬 전례) 또한 포함한다. 파스카에서 희생물은 바로 어린양이다. 미사에서 희생물은 누룩 없는 빵을 들고서 자신의 몸이라고 선언하신 하느님의 어린양이시다. 여기서도 마찬가지로 바오로 사도의 권고는 되풀이된다. "묵은 누룩을 깨끗이 치우고 새 반죽이 되십시오. 여러분은 누룩 없는 빵입니다. 우리의 파스카 양이신 그리스도께서 희생되셨기 때문입니다. 그러므로 묵은 누룩, 곧 악의와 사악이라는 누룩이 아니라, 순결과 진실이라는 누룩 없는 빵을 가지고 축제를 지냅시다."(1코린 5,7-8)

나는 마르케트 대학교에서 미사의 구조와 고대 유다교 예식을 비교하고 분석한 전례 학자들을 발견했다. 전례 학자들은 미사의 가장 중요한 부분이 곧 성찬 기도문 안에 있는 성찬례 제정 설화에 있다고 언급했다. 사제는 제정문에서 예수님의 말씀을 빌려 축복하고 식탁 위에 놓인 것의 중요성을 묘사했다. 프랑스 학자 루이 부이어Louis Bouyer부터 이탈리아 학자 엔리코 마차Enrico Mazza에 이르기까지, 학자들은 전형적인 가톨릭의 성찬 기도문이 빵에 대한 유다교 축복 기도의 구조와 주제를 따른다는 점에 주목했다.

어느 날, 나는 에드워드 킬마틴Edward Kilmartin S.J.의 저서 《초기 교회의 성찬례The Eucharist in the Primitive Church》를 우연히 알게 되었다. 그리고 이 책에서 초세기 그리스도교 전례에 영향을 끼친 파스카 전통에 대한 논의를 발견했다. 그러던 와중에 나를 멈추게 하는 다른 대목을 찾았다. 킬마틴 신부는 미사와 파스카 만찬에 모두 적용할 수 있는 정의를 내렸다. 그는 자신의 논지를 밝힌 후, 이 논지를 전개하기 위해 목록을 세분화하여 제시했다. 그 목록을 살짝 각색하여 소개해 보고자 한다.

(미사와 파스카 만찬은) 희생 제사를 포함하는 전례적인 축제다.

그리고 종교적 의식의 만찬이며 ……

선택받은 민족이라는 ……

공동체에 의해서 거행되며 ……

현재에 완수되며, 과거에 이루어진 구원을 기념하며

미래에 일어날 주님의 결정적인 개입을 고대한다.[65]

나는 마르케트 대학교의 신학 도서관에 앉아 이러한 사실을 노트에 채우면서 머리로는 이해하고 있었다. 그러나 매일같이 대학 경당에 앉아 있으면 있을수록 현실로 다가와 나를 사로잡았다.

나는 '우리의 파스카이신 그리스도'가 성체성사임을 알아차리게 해 준 성체성사를 갈망하게 되었다. 미사에 처음 참례했을 때, 이러한 갈망은 당황스럽고도 부끄러울 정도로 분명하게 나타났다. 사제가 빵과 포도주를 축성할 때 눈물을 흘리는 나 자신을 발견했다. 이 빵과 포도주가 참으로 예수님이시며, 그분께서 당신의 몸을 '하늘에서 내려온 살아 있는 빵'으로 주신다는 사실을 알게 되었기 때문이다.

6장

그리스도교의 파스카

나는 예수 그리스도와 친교를 이루기를 원했다. 고통과 희생을 감내하고서라도 그분께서 세우신 교회와 함께 당신 성혈이 든 잔을 마시고 싶었다. 그러나 아내 킴벌리는 내가 가톨릭으로 개종하는 것을 반대했다. 나의 이러한 모습을 장로교 목사의 딸이며 친동생들 중 몇몇도 목사였던 킴벌리는 이해하지 못했다. 내가 보인 모습은 나와 함께 부부로서 계획한 그녀의 삶을 송두리째 뒤흔들었다. 몇몇 친구들은 킴벌리에게 이혼할 이유가 합당하다고 밝혔지만, 이혼은 킴벌리가 가톨릭을 여기는 관점(한때 내가 가톨릭을 바라보던 관점)보다 훨씬 더 끔찍했다.

처음에는 킴벌리에게 5년 뒤에 가톨릭으로 개종하겠다고 약속했다. 하지만 하루하루가 5년처럼 느껴졌고, 더 이상은 견딜 수 없었다. 결국 나는 킴벌리에게 매달려 처음한 약속을 파기해 달라고 간청했고, 킴벌리는 허락해 주었다.

이즈음, 나는 지역의 몇몇 사제들을 알게 되었고, 그중 한 분에게 달려가 지체 없이 입교를 청했다. 그때는 사순 시기였고 파비안 브루스케비츠Fabian Bruskewitz 몬시뇰은 이 같은 상황을 고려했다. 나는 신학 박사 과정 학생이었고, 신학 석사 학위를 취득한 상태였다. 또한 성경과 교부, 전승을 집중적으로 연구했다. 나는 몬시뇰에게 이러한 사실에 입각하여 결정을 내렸다고 말씀드렸고, 몬시뇰은 내가 세례를 받을 준비가 충분히 되어 있다고 결론 내렸다.

파스카 성야 미사 때, 몬시뇰은 나에게 조건 세례(세례를 받으려는 이가 과거에 유효하게 세례를 받았는지 의심스러울 때 조건부로 세례를 주는 경우. 이 때 "당신이 세례를 받을 만하면" 혹은 "세례받은 적이 없다면" 또는 "받았던 세례가 유효하지 않다면" 등 조건을 붙인다. 미국 가톨릭 교회에서는 몇몇 개신교 교단의 세례를 인정하나 유효한 방식으로 수여되었을 때만 인정한다. ― 역자 주)와 성체성사, 견진성사를 베풀었다. 이후에 나는 사안들을 다르게 보게 되었다. 곧, 재생의 세례, 주님의 현존, 그리고 성사적 사죄와 관련된 어려운 말씀을 영혼과 마음과 뼛속 깊은 곳에서부터 이해하기 시작했다.

1986년 사순 시기 동안 그해의 파스카 성야가 나뿐만이 아니라 킴벌리에게도 결정적인 전환점이 되리라고는 상상도 하지 못했다. 킴벌리는 파스카 성야를 회상하면서 너무나도 슬펐고 심지어 인생 최악의 밤이었다고 밝혔다. 그러나 그녀는 가톨릭 교회의 전례가 성경에 뿌리 깊은 근거를 두고 있다는 점을 알아차리기 시작했다. 시편 화답송까지 세어 본다면 성야 미사 때 무려 17개의 성경 독서가 낭독되었다.

몇 년 뒤에는 킴벌리도 내가 받은 예식을 받으리라 예상했다.

미래의 파스카

부활절은 그 어떤 날보다도 나에게(킴벌리에게도) 중요했다. 생일이나 결혼기념일보다 중요했다. 부활절은 우리에게 새로운 생명, 충만한 생명이 시작된 날이었기 때문이다. 상상할 수 없을 만큼 넘치는 하느님의 자비를 얻는 날이었다. 그날은 우리 가족이 '건너간' 날이었다. 왜냐하면 모두가 참된 어린양의 피로 씻겼기 때문이다.

초기 그리스도인들은 부활절을 파스카로 기념했다. 사실 그들은 축제일을 '파스카'로 불렀다. 대부분 현대의 언어에서도 유다인들의 축제일과 그리스도인들이 기억하는 부활절을 가리키는 데 '파스카'

라는 단어를 공동으로 사용한다. 스페인어로는 '파스쿠아Pascua', 네덜란드어로는 '파센Pasen', 이탈리아어로는 '파스쿠아Pasqua'라고 한다. 이 언어들은 모두 히브리어 '페사흐Pesach'에서 비롯된 단어를 사용한다. 다만 영어, 독일어, 폴란드어 등 몇몇 언어는 파스카라는 단어와 관련 없는 용어로 축제를 일컫는다.

부활절은 매년 기념하는 그리스도교 최초의 공휴일이었다. 이 관습이 언제부터 시작되었는지는 알 수 없지만, 그 첫 증거를 2세기 초 교부들에게서 발견할 수 있다. 교부들은 자신들의 전통이 사도들에게서 비롯되었다고 강조한다. 그리스도교 예식은 파스카 만찬이 아니라 예수님의 수난과 부활에 관한 독서를 낭독하고 강론과 세례, 견진, 성체성사라는 입문 성사를 수여하는 순서로 진행된다. 성야 미사는 저녁 늦게 시작하여 부활절 당일 해돋이 때 마쳤다. 오늘날과 마찬가지로, 파스카 성야 미사 전례 때 새로운 이들을 교회에 받아들이는 것이 당시의 관습이었다.

성경에서는 초세기 교회가 일치를 중요하게 여겼음을 알려 준다. "신자들의 공동체는 한마음 한뜻이 되어……."(사도 4,32) 파스카는 이러한 일치를 해칠 수 있는 유일하고도 중대한 문제였다. 어떤 논란이 있었을까?

동방 교회는 요한 사도의 가르침에 따라 매년 파스카 축제 날에 부활절을 보내는 관습을 지켰다. 왜냐하면 파스카는 히브리 달력인 니산 달 14일이었기 때문이다. 그래서 이 관습을 지키는 동방 그리스도인들을 두고 '콰르토데시만스Quartodecimans'(14일 주창자)라고 불렀다.

그러나 서방 교회는 (파스카 축제 날이 주일이 아닌 경우) 파스카 날에 뒤이은 주일에 부활절을 보냈다. 이를 통해 곧 부활하신 날이 '주님의 날'이라는 사실을 강조했다.

서방 교회의 교황들은 동방 교회를 파문하겠다고 위협했다. 폴리카르포와 이레네오를 위시한 주교들은 서로 관용적인 자세를 취하도록 청했다. 양쪽의 관습은 수세기 동안 불안정한 상태로 공존했다. 그러나 파스카는 매우 중요했기에, 교회는 그 부담을 견딜 수 없었다. 325년에 개최된 니케아 공의회는 파스카를 주일에 지내도록 규정함으로써 이 문제를 해결했다.

우리가 가지고 있는 증거에 따르면, 초대 교회는 이 축일을 예수님의 수난과 죽음, 부활을 함께 기념하는 날로 지냈다. 주님의 수난과 죽음, 부활, 이 세 가지가 함께 파스카 신비를 구성한다.

파스카는 단 한 번 치러진 예수님의 희생 제사를 기념하는 예식이다. 그리고 이는 또한 예수님의 희생 제사가 선사하는 은총이 해마다 그리고 세세대대로 전해진다는 사실을 기념한다. "내가 마시는 잔을 너희도 마시고, 내가 받는 세례를 너희도 받을 것이다."(마르 10,39) 하고 예수님께서는 제자들에게 말씀하셨다. 믿는 이들은 세례와 (주님의 피가 담긴 잔이 놓인) 성찬례를 통해 파스카 신비를 경험한다. 우리는 파스카를 희생 제사로 알고 있지만, 이는 또한 성사라는 신비이기도 하다. 우리가 쪼개는 빵은 예수님의 지체 안에서 누리는 참된 친교이고, 우리가 나누는 잔은 계약의 피인 그분의 피 안에서 누리는 참된 친교를 가리킨다. 이보다 더 참되고 진정한 것은 없다. 그렇기에 가톨릭 신자들이 '실제 현존'과 같은 용어를 사용하는 데에는 그럴 만한 이유가 있다. 바오로 사도의 말처럼, 우리는 순결과 진실이라는 누룩 없는 빵과 함께 축제를 지내며, 이 빵은 하느님의 어린양이신 예수님의 참된 살이며 몸이기 때문이다.

희생 제사가 된 십자가 형벌

고든 콘웰 신학교 때부터 알고 지낸 친구들은 내가 개종했다는 소식을 듣고 충격을 받았다. 수화기 너머 이렇게 이야기하는 것을 들은 친구들은 더욱 큰 충격에 휩싸였다. 나는 가톨릭과 개신교의 차이에서 벗어나 공통된 기반에서 대화를 시작하고자 했다.

가톨릭과 개신교 모두가 동의하는 것이 있다면, 바로 갈바리아 산에서 예수님의 희생 제사가 '단 한 번' 치러졌다는 점이다(히브 7,27; 10,10; 1베드 3,18 참조). 십자가를 배제하고서 구원의 희생 제사는 있을 수 없다.

하지만 1세기 유다인들의 눈에는 갈바리아 산 위에서 '희생 제사'라고 일컬을 만한 요소를 전혀 찾을 수 없었다. 예수님의 십자가형을 목격했던 경건한 유다인들은 각자 집으로 돌아가 희생 제사라는 관점에서 그들이 본 것을 이야기하지 않았을 터다. 유다인들에게 희생 제사는 성전에서 거행하는 것으로 레위 지파 사제들이 주재하는 가운데 치러야 했다. 예수님의 십자가 사건은 성전도, 사제들도, 제단도 없는 예루살렘 성벽 바깥에서 일어났다. 희생 제사가 아니라 로마인들의 피비린내 나는 사형 집행처럼 여겨졌다.

그렇다면 무엇이 예수님의 사형을 희생 제사로 탈바꿈했을까?

이를 탈바꿈한 순간은 바로 최후의 만찬에서 예수님께서 당신의 몸과 피를 바치신 때였다. 예수님께서는 당신이 바치신 제물에 대해 희생 제사의 용어를 사용하면서 제자들에게 영원히 기념하라고 명령하신다. "너희는 나를 기억하여 이를 행하여라." 예수님께서는 당신의 희생 제사를 일컬어 '새 계약'이라고 말씀하시는데(루카 22,20 참조), 이는 모세가 희생 제사를 바침으로써 옛 계약을 세웠다는 사실을 다시금 떠올리게 하는 것이었다. 사도들 역시 이러한 예수님의 기념을 희생 제사의 관점에서 바라보았다. "우리의 파스카 양이신 그리스도께서 희생되셨기 때문입니다."(1코린 5,7) 식탁 위에 차려 놓은 음식도 희생 제사 때 살(빵)과 피(포도주)를 나누는 것을 의미했다.

최후의 만찬으로 인해 성금요일에 일어난 십자가 처형이 희생 제사로 변화했으며, 부활로 말미암아 희생 제사는 성사로 변모했다. 영광을 입으신 부활하신 그리스도의 육신은 이제 모든 믿는 이와 통교하게 되었다. 사실 성찬례는 예수님께서 성체성사를 제정하시고 목숨을 내어놓으면서 갈바리아 산에서 바치신 희생 제사와 똑같은 희생 제사다. 바로 이 희생 제사를 통해 예수님의 거룩한 인성을 받들고 흠숭한다. 성찬례는 천국과 지상에서 드리는 대사제의 희생 제사다.

성찬례가 바로 미사의 거룩한 희생 제사다. 만약 성찬례가 단순히 만찬이라면, 갈바리아 산에서 일어난 사건은 그저 사형 집행에 불과하다.

예수님께서 제정하신 성찬례의 중요성을 부담스럽게 여길 사람은 없다. 성찬례 제정에 관련된 이야기는 바오로 사도가 코린토 신자들에게 보낸 서간과 공관 복음서에 모두 등장한다. 이는 바오로 사도가 예수님의 말씀을 가장 광범위하게 인용한 것이다. 신학자로버트 데일리Robert Daly는 성찬례 제정과 관련된 복음서 진술을 다음과 같이 표현했다. "내 몸 …… 내 피라는 단어는 예수님의 죽음을 가리키는 예언이다. 그리고 예수님 죽음의 의미를 가리키고 설명하는 그리스도 구원 업적에 대한 계시를 나타낸다."[66]

최후의 만찬 때 사제로서 바치신 예수님의 봉헌물은 갈바리아 산에서 십자가형을 처형에서 희생 제물로 바꾸어 놓았다. 또한 파스카 신비는 옛 예식들을 완성하는 데 기여했다. 나는 예배와 관련된 교회 일치 운동 교과서에서 이에 대한 간결한 표현을 발견했다.

그리스도의 파스카는 유다인들의 파스카를 완성하면서도 그것을 넘어선다. 성찬례는 파스카라는 맥락 하에 제정되었으며, 이는 그리스도의 파스카인 성찬례를 통해서 그분의 구원 업적이 모든 이에게 영향을 미치게 된다는 점을 드러낸다. 성찬례가 '기억' 혹은 '기념'인 이유는 바로 그리스도의 파스카이기 때문이다. 파스카 신비가 그리스도 구원 업적의 정점이듯이, 성찬례는 그리스도교 예배의 핵심이자 정점이다.[67]

신학교 동창들과 이전에 목회자로 사역할 때 친교를 맺은 동료들은 기꺼이 내 말을 들어주었다. '내가 생각하는 방식이 잘못되었음'을 지적할 유일한 방법이라고 여겼기 때문이다. 하지만 그들 중 몇몇은 나와 함께 주님의 식탁에 앉아 축복의 잔을 나누고자 했다.

오순절에 무슨 일이 일어났을까?

나는 1986년 주님 부활 대축일 아침 기쁜 마음으로 잠에서 깨어났고, 오랫동안 그 설렘을 간직했다. 가톨릭 신자들은 부활절 당일만을 중요하게 여기지 않았다. 부활 팔일 축제는 주님 부활을 8일 동안 경축하는 시기로, 이 모든 날을 주일과 동일하게 기념했다. 성당에서는 매 미사 때 대영광송을 불렀다. 그리고 이 기쁨은 성령 강림 대축일까지 지속되었다.

성령께서 사도들에게 내려진 날인 오순절은 매우 중요한 축제였지만, 오늘날 이 축제는 등한시되는 것 같다. 어쨌든, 오순절은 이 책의 주제인 파스카와 네 번째 잔과 깊이 연관이 있기에 주목할 필요가 있다.

그리스도교에서는 고대 유다인들의 달력에서 기념한 축제 중 파스카와 오순절을 축제로 보낸다. 이 두 축제는 '장막절'이라고 불리는 초막절과 함께 유다인들의 3대 축제였다. 탈출기에 따르면 모든 이스라엘 남성은 거룩한 도성인 예루살렘에서 이 세 축제를 지내야 한다(탈출 23,14-17 참조).

파스카와 오순절은 서로 떼려야 뗄 수 없는 관계다. 사실, 오순절이라는 명칭은 파스카와 관련하여 생겨났다. **오순절**Pentecost은 숫자 50을 의미하는 그리스어에서 파생되었다. 오순절은 파스카로부터 50일째 되는 날에 기념했기 때문이다.

1세기의 유다인들은 파스카 축제 날에 이집트 탈출을 기념했다. 그리고 오순절에는 시나이 산에서 받은 하느님 계약의 선물을 경축했다. 첫 번째 사건은 두 번째 사건으로 이어졌다. 이스라엘 민족은 해방됨으로써 어떤 목적 없이 떠돌아다니는 것이 아니라, 하느님의 방식으로 걸을 수 있게 되었다. 옛 계약에서, 파스카는 오순절 때문에 생겨났다고 볼 수 있다. 파스카는 어떠한 논쟁 없이 가장 장엄한 축제이자 유다인의 달력에서 최고의 경축일이었지만, 이 축제를 완성하기 위해서는 오순절이라는 이후의 축제가 필요했다.

우리는 새 계약에서도 동일한 역학 관계가 작용한다는 점을 발견할 수 있다. 예수님의 파스카는 그리스도교 오순절에 주어지는 성령의 선물로 성취되며 완성된다. 요한 복음서에서 우리는 예수님께서 이 점을 반복해서 언급하신다는 사실을 볼 수 있다. 또한 파스카 만찬인 최후의 만찬에서도 이 점을 명확하게 밝히신다. 예수님께서는 제자들에게 아버지께서 보내시는 보호자가 당신의 일을 완성하시리라고 말씀하신다(요한 14,16.26; 15,26; 16,7 참조).

수세기에 걸쳐 성인과 학자들은 또 다른 미묘한 유사점을 재빨리 알아차렸다.

예수님께서 파스카 만찬의 네 번째 잔을 드실 때, 그분은 십자가 위에서 고통을 겪고 계셨다. 이 네 번째 잔은 해면에 적셔서 우슬초(이는 모세가 계약의 피를 뿌리는 데 사용하라고 명령한 나뭇가지와 같은 종류였다)에 꽂아 건네진 포도주였다. 요한 사도는 이를 두 눈으로 목격했고, 그 순간에 벌어진 일을 묘사하기 위해 단어를 신중히 선택했다. 그리고 하느님께서는 요한 사도에게 영감을 불어넣으시어 단어를 택하게 하셨다.

"예수님께서 신 포도주를 드신 다음" 요한 사도는 자신이 목격한 것을 이렇게 전한다. "'다 이루어졌다.' 이어서 고개를 숙이시며 숨을 거두셨다."(요한 19,30)

나는 다시 한 번 이 질문을 던졌다. "무엇이 다 이루어졌는가?"

파스카는 끝났다. 파스카는 성취되었다. 이는 성금요일 전날 저녁 구약의 파스카로부터 시작됐으나, 새 계약의 파스카인 성금요일 십자가 위에서 완수되었다.

예수님께서는 네 번째 잔을 드셨다. 모든 것이 다 이루어졌다. 그리고 이 성취 속에서 '그분은 당신의 영을 맡기시고', 오순절에 교회에 주어질 선물을 암시하셨다. 요한 복음서에서 전하는 또 다른 내용에 주목할 필요가 있다. '그때부터'(요한 19,27 참조) 예수님께서는 어머니를 사랑하시는 제자에게 내어 드렸으며, 그분의 몸에서 피와 물이 흘러나왔다고 전한다(요한 19,34 참조). 이 모두는 당신이 사랑하시는 제자들의 교회에 주신 선물이었다.

희생 제사는 단 한 번 바쳤다. 파스카는 변모했다. 이제 남은 것은 교회가 영원토록 이를 행하는 일뿐이었다.

7장

내 삶의 파스카

이 책을 통해 나는 내 삶의 이야기, 적어도 내 삶의 일부분에 관한 이야기를 세상에 내놓았다. 이는 분명히 '네 번째 잔'이라는 주제로 한 이전의 강연이나 논문보다 더 많은 것을 담고 있다. 이 작업을 하라는 소명을 받았기에 이제껏 해 왔다.

하지만 아무리 두꺼운 책이라도 여러분과 나를 향한 주님의 부르심에 비하면 이는 상대적으로 작은 부르심일 뿐이다. 주님의 부르심은 우리 생명의 일부를 봉헌하는 것이 아니라, 생명 전체를 송두리째 내놓는 것이다. 바로 이것이 우리 모두가 주님께 받은 부르심이다. 우리가 받아 모신 잔이며, 우리가 받은 세례다.

예수님께서는 이렇게 말씀하셨다.

아버지께서는 내가 목숨을 내놓기 때문에 나를 사랑하신다. 그렇게 하여 나는 목숨을 다시 얻는다. 아무도 나에게서 목숨을 빼앗지 못한다. 내가 스스로 그것을 내놓는 것이다. 나는 목숨을 내놓을 권한도 있고 그것을 다시 얻을 권한도 있다. 이것이 내가 내 아버지에게서 받은 명령이다. (요한 10,17-18)

예수님의 십자가를 짊어짐으로써 우리는 각자의 생명을 내놓는다. 예수님께서 "누구든지 내 뒤를 따르려면 자신을 버리고 제 십자가를 지고 나를 따라야 한다."(마르 8,34) 하고 말씀하셨을 때, 몇몇 소수에게만 말씀하신 것이 아니라 당신께 가까이 온 '군중'을 향해 말씀하셨다는 점을 주목해야 한다.

최후의 만찬이 던지는 메시지는 다음과 같다. "정녕 자기 목숨을 구하려는 사람은 목숨을 잃을 것이고, 나와 복음 때문에 목숨을 잃는 사람은 목숨을 구할 것이다."(마르 8,35) 이 역설을 두고 그리스도인들은 파스카 신비라고 밝힌다. 만찬 예식 때, 예수님께서는 누룩 없는 빵을 가리켜 당신의 몸이라고 하시고, 축복의 잔을 두고 당신의 피가 담겨 있다고 선포하셨다. 이는 단순한 은유가 아니었다. 이는 철학자들이 '언어 행위'(언어를 사용함으로써 어떤 일이 이루어지나 혹은 어떤 것이 행해지는 것. ― 편집자 주)라고 가리키는 것으로서,

하느님께서 당신 말씀으로 세상을 마련하신 것에 비길 수 있다(히브 11,3 참조). "그분께서 말씀하시자 이루어졌고, 그분께서 명령하시자 생겨났기 때문이네."(시편 33,9) 이 신앙은 초세기 그리스도인들부터 지속되었다. 이 신앙은 그들뿐만 아니라 우리의 맥박이자 동맥과도 같다.

파스카 신비는 단순히 30년경에 일어난 일련의 역사적 사건을 가리키지 않는다. 파스카 신비는 초세기 그리스도인들이 매 주일 성찬례에 참례하면서 마셨던 잔이었다.

그들은 기꺼이 잔을 들고, 당신께서 마셨던 고통의 잔을 마시라는 예수님의 초대를 받아들였다(마르 10,38-39 참조). 초세기 그리스도인들은 그들의 목숨을 기꺼이 내놓았다. 세상 창조 이래로 '제물로 바쳐질 어린양'처럼, 아버지 아브라함의 희생 제물이 기꺼이 되고자 했던 이사악처럼, 그들은 기꺼이 순교하고자 했다. 순교자들은 자신의 힘으로 이러한 결정을 내릴 수 없었다. 계약을 새롭게 갱신하고, 은총과 생명을 선사하는 그리스도의 잔을 마심으로써 힘을 얻고 이러한 결정을 내릴 수 있었다.

예수님께서 이루신 것, 그리고 가능하게 만드신 것은 당신 자신이라는 흠 없는 희생 제물을 기꺼이 그리고 완전히 봉헌하신 데 있다. 이는 오직 예수님만 이루실 수 있었다. 왜냐하면 그분만이 죄

없으신 하느님의 완전함을 지니고 계셨기 때문이다.

그럼에도 당신의 권능을 기꺼이 나누고자 하셨기에 예수님께서는 혼자가 아니셨다. 예수님께서는 당신 피의 잔을 마시라는 초대를 수락한 모든 이에게 당신이 겪은 고통이 지니는 구원의 힘을 나누고자 하셨다. 이는 바오로 사도가 하느님을 선포할 수 있던 원동력이었다. "이제 나는 여러분을 위하여 고난을 겪으며 기뻐합니다. 그리스도의 환난에서 모자란 부분을 내가 이렇게 그분의 몸인 교회를 위하여 내 육신으로 채우고 있습니다."(콜로 1,24) 바오로 사도는 자신이 겪는 고난이 예수님의 수난과 거룩한 친교를 이루는 구원을 가져다주는 고난임을 알았기에, 자신이 겪는 고난 속에서도 기뻐할 수 있었다.

어떤 면에서 이 원리는 새로운 어떤 것이 아니다. 이 원리는 세상 창조 이래 숨겨 있었다. 하지만 또 다른 의미에서, 예수님께서 당신 자신을 내어주심으로써 이제 성취되었고, 드러났으며, 전달되었다. 그렇기에 이 원리는 완전히 새로운 것이라고 할 수 있다.

비탄의 잔

교부들은 이 연관성을 알아차렸다. 아우구스티노는 이렇게 묻는다. "구원의 잔을 받드는 것이 곧 주님의 수난을 따르겠다는 뜻이 아닙니까? …… 저는 그리스도의 잔을 받아 모시며, 우리 주님의 수난을 마시겠습니다."[68] 아우구스티노에게 잔이란 기꺼이 받아 모시길 바라는 이들에게 주어진 은총이었다.

예수님의 이러한 제안을 거부하는 이유는 여전히 수수께끼로 남는다. 그렇다고 해서 그들이 고통을 완전히 피할 수 있는 것도 아니다. 아우구스티노는 고통이란 우리의 운명이라고 밝힌다. 왜냐하면 아담이 "우리 비탄의 잔과 …… 우리 피땀의 잔"을 섞었기 때문이다. "그 누구도 이 **비탄의 잔**을 피할 수 없습니다." 모든 아기의 울음소리가 이를 증명한다고 아우구스티노는 밝힌다.[69]

우리가 죽음을 피할 수 없듯 고통은 필연적이다. 그렇기에 고통은 냉혹하다. 하지만 우리의 본성은 이에 저항한다. 어떠한 대가를 치르고서라도, 혹은 미래라는 대가를 치르고서라도 고통을 피하려고 한다.

우리는 이러한 모습을 참인간이신 예수님에게서도 보게 된다. 파스카 만찬 이후 겟세마니 동산에서 예수님께서는 극심한 고통을 겪으셨다. "아버지, 하실 수만 있으시면 이 잔이 저를 비켜 가게 해 주십시오."(마태 26,39) 예수님의 땀은 핏방울과 함께 땅에 떨어졌다. 이는 인간이 겪을 수 있는 슬픔에서 한계치에 도달한 것이었다. 예수님께서는 하느님으로서 다가올 고통을 완전히 알고 계셨다. 그분의 육신은 반발과 저항으로 극심하게 반응한다. 하지만 마침내 이렇게 순종하시며 받아들이신다. "그러나 제 뜻이 아니라 아버지의 뜻이 이루어지게 하십시오."(루카 22,42)

예수님의 드라마는 참으로 중요하다. 이를 제대로 이해하는 것은 특히 중요하다. 예수님은 두려움이 없는 분이 아니셨다. 우리와 너무 달라서 어떠한 것도 배울 수 없는, 괴상한 영웅도 아니셨다. 예수님께서는 참으로 두려움을 겪으셨다. 그렇기에 비탄과 피땀의 잔을 마시길 저항하셨다. 앞으로 벌어질 일을 두려워하셨다. 하지만 이것이 예수님의 가장 큰 두려움이 아니었다. 그보다 더 큰 두려움은 바로 **아버지의 뜻이 아닌 다른 모든 것**에 대한 당신의 혐오였다.

두려움은 자연스럽게 생겨난다. 하느님께서는 두려움을 창조하셨고, 이를 유익한 본능으로 심어 주셨다. 그러므로 두려움은 좋은 것이다. 두려움은 육적인 생명을 보호하도록 우리를 인도한다.

그러나 예수님께서는 육적인 생명보다 더 큰 것이 있음을 알려 주신다. 당신께서 사셨던 것처럼 우리가 살고, 당신께서 죽은 모습대로 우리가 죽는다면, 우리와 나누고자 하신 하느님의 생명을 얻어 누릴 수 있다. 우리는 이 생명을 가리켜 '천국'이라고 부른다. 그러나 천국은 시간과 공간 저 너머에 있지 않다. 천국은 세례와 함께 우리 안에서 시작되고, 성찬례의 잔을 받아 모실 때마다 우리 안에서 성장해 나간다.

하느님께서는 우리가 영원히 당신과 함께 살기를 바라신다. 그리고 당신의 자비 안에서 지금 우리가 그 삶을 받아들이게 하신다. 축복의 잔을 내어주시며 우리를 영원한 생명으로 초대하신다.

고통을 겪지 않고서는 얻을 수 없다

하느님의 초대 없이 이러한 삶을 살 수 없다. 우리의 본성으로는 하느님께서 사시는 대로 살 수 없으며, 하느님께서 사랑하시는 대로 사랑할 수 없다. 지금 당장 천국의 평화와 기쁨, 사랑을 경험하고 싶다면, 하느님이시며 인간이신 예수님을 통해 이를 경험해야 한다.

그렇다고 해서 우리가 고통에서 면제된다는 뜻은 아니다. 이 점을 강조하고 싶다. 바오로 사도는 어느 누구보다 위대한 성인이었지만, 천국에 이르는 무임승차권을 얻지 못했다. 바오로 사도는 자신이 겪는 고통을 **기뻐했다.** 그러나 그 고통이 손톱이 빠지거나 감기에 걸린 것을 말하지 않음을 기억해야 한다.

채찍으로 맞은 것이 세 번, 돌질을 당한 것이 한 번, 파선을 당한 것이 세 번입니다. 밤낮 하루를 꼬박 깊은 바다에서 떠다니기도 하였습니다. 자주 여행하는 동안에 늘 강물의 위험, 강도의 위험, 동족에게서 오는 위험, 이민족에게서 오는 위험, 고을에서 겪는 위험, 광야에서 겪는 위험, 바다에서 겪는 위험, 거짓 형제들 사이에서 겪는 위험이 뒤따랐습니다. 수고와 고생, 잦은 밤샘, 굶주림과 목마름, 잦은 결식, 추위와 헐벗음에 시달렸습니다. 그 밖의 것들은 제쳐 놓고서라도, 모든 교회에 대한 염려가 날마다 나를 짓누릅니다. 누가 약해지면 나도 약해지지 않겠습니까? 누가 다른 사람 때문에 죄를 지으면 나도 분개하지 않겠습니까?(2코린 11,25-29)

이에 덧붙여 바오로 사도는 자신의 고통을 십자가로 여기며 기꺼이 받아들인다.

나는 그리스도와 함께 십자가에 못 박혔습니다. 이제는 내가 사는 것이 아니라 그리스도께서 내 안에 사시는 것입니다. 내가 지금 육신 안에서 사는 것은, 나를 사랑하시고 나를 위하여 당신 자신을 바치신 하느님의 아드님에 대한 믿음으로 사는 것입니다.(갈라 2,19-20)

예수님과 바오로 사도가 고통에서 면제되지 않았다면, 우리도 고통에서 면제되기를 기대해서는 안 된다.

첫 파스카 당시의 이스라엘 백성들을 떠올려 보자. 하느님께서는 크나큰 기적들을 일으키시어 그들을 종살이에서 해방시켜 주셨다. 그러나 이스라엘 민족은 광야에서 방랑하며 겪은 첫 피로와 첫 배고픔, 첫 갈증을 느끼자마자 자신들을 구원해 주신 주님을 잊어버렸다. 그들은 하느님을 저버리고 우상을 숭배했다.

알렉산드리아의 필로는 이스라엘 민족이 파스카의 핵심을 놓쳤다고 지적했다. 하느님께서는 당신 백성들이 덕행의 삶, 곧 올바른 질서 안에서 두려워하고 갈망하며, 모든 일에서 당신의 뜻을 따라 살도록 만찬의 상징들을 제정하셨다. 파스카 빵에서 히브리인들은 교만이라는 누룩을 버리는 법을 배워야 했다. 쓴나물에서 편안함과 달콤함에 무심해져야 함을 배워야 했다. 서둘러 구운 양고기에서 사치나 어떠한 더함 없이 행동하는 법을 배워야 했다. 만찬에서 육신과 의지를 단련하는 법을 배워야 했다.[70]

선택받은 이들은 실패를 겪었다. 그러나 그들의 실패는 온 인류가 그들 자신의 힘으로는 죄를 피할 수 없는 무력함과 지속적으로 선을 행할 수 없는 무능함을 깨닫게 하기 위한 하느님의 섭리를 보여 주었다.

죄를 넘어서는 힘, 선을 행하는 힘은 오직 예수님의 세례와 그분께서 주시는 축복의 잔을 통해 얻을 수 있다.

자신을 내어주는 사랑

교부들은 설교할 때, '파스카'라는 단어를 즐겨 사용했다. 그리스어에서 '파스카Pascha'라는 단어는 '수난' 혹은 '고통pascho'을 나타내는 용어와 유사하다.

그렇다고 해서 교부들이 고통을 즐긴다는 것은 아니었다. 그들은 단순히 이 땅에서 삶의 조건을 인지하고 있었다. 그리스도 수난에 대한 가장 오래되고 널리 알려진 묵상이 예수님의 육체적인 고통이 아니라 겟세마니 동산에서 피땀을 흘리며 고뇌하고 기도하신 데 초점을 맞춘다는 점에 중요한 의미가 있다. 고백자 막시모는 살을 찢는 못 박힘이 아니라 네 번째 잔을 마시길 주저하시는 예수님 내면의 번뇌를 설교하고자 했다.

우리를 향한 예수님의 사랑은 당신의 때, 잔, 고통, 곧 파스카 신비에서 완전히 표현된다. 우리는 이와 같은 사실을 쉽게 잊는다. 우리는 사랑을 기쁨이나 쾌락으로 경험하고 싶어 한다. 또한 사랑을 기쁨과 쾌락으로 떠올리려 한다. 그리고 사랑보다 더 높은 차원의 기쁨이나 쾌락이 존재하지 않는다는 사실도 알고 있다.

그러나 누군가의 존재로 인해 생겨난 기쁨의 계기인 사랑은, 즐거움이나 쾌락과 같은 느낌과 동일하지 않다. 그리고 사랑이라는 감정은 기쁨이나 쾌락이 전혀 없을 때에도 자라날 수 있다. 치매에 걸린 남편을 돌보는 부인을 떠올려 보자. 부인은 더 이상 남편과 대화하면서 즐거움을 얻을 수 없다. 남편도 부인에게 선물이나 꽃을 건네지 못한다. 한때 훤칠하고 건강했던 남편은 점점 노쇠해지고 둔해져 부인이 그를 식탁에 앉히는 것조차 버거워할 수 있다.

그러나 부인은 남편을 위해서 고통을 겪는다. 부인은 그리스도께서 당신 자신을 내어주시듯, 자기 자신을 내어준다. 부인은 이 참된 사랑이 얼마나 힘들고 어려운 기쁨인지 알고 있다.

이와 비슷한 예시로 아주 늙고 병든 아내를 돌보는 남자가 있었다. 어느 날, 남자의 큰아들은 어머니를 돌보다가 아버지가 과로로 일찍 세상을 떠나지 않을까 염려했다. 그러자 남자는 아들에게 이렇게 답했다고 한다. "그러면 내가 골프장에서 죽는 게 낫다는 말이냐?"

이 아들의 아버지는 어디서 더 행복하게 세상을 떠날 수 있을까? 골프장에서일까? 아님 집에서 사랑하는 이를 위해서 헌신할 때일까?

베네딕토 16세 교황은 어떤 즉석 인터뷰에서 진리를 밝혔다. 교황은 이렇게 말했다. "고통 없이 사랑은 있을 수 없습니다. 왜냐하면 사랑은 언제나 나 자신을 부정하는 것을 뜻하기 때문입니다. 사랑은 나 자신에서 벗어나 타인을 그 타인의 모습대로 받아들이는 것입니다. 이는 나 자신에 대한 선물이며, 나 자신에게서 나오는 것을 의미합니다."[71]

이 방법으로 하느님께서는 세상 창조 때부터 우리를 단련하셨다. 곧, 우리가 죄에 뒤엉켜 있다면 아무것도 할 수 없다. 우리 자신을 '내려놓으려면', 먼저 우리 삶을 손에 쥐어야 한다. 우리 자신을 내어주기 이전에, 먼저 자기 자신을 소유해야 한다. 우리 모두에게는 최소한 어느 정도의 자기 자신에 대한 통달이 필요하다. 자기 자신을 내어주는 사랑인 진정한 사랑, 생명을 주는 사랑에는 희생이 요구되며, 희생은 고통을 수반한다.

사람들은 이 모든 것을 사랑할 때 겪는다. 사랑은 고통이라는 수수께끼의 해답이며, 고통은 사랑이라는 수수께끼의 해답이다. 하느님께서는 오직 예수님, 특별히 파스카의 신비를 통해 우리 실존

이 지니는 영원한 수수께끼에 대한 답을 계시하셨다.

당신 수난과 파스카를 통해 예수님께서는 우리를 이끄시고 가르치시며, 사랑이라는 천국의 삶을 살아 내도록 힘을 불어넣어 주신다. 당신의 삶을 통해서 먼저 우리가 당신을 본받고, 이후 당신과 일치하며, 마지막으로 우리 안에서 당신께서 행동하실 수 있도록 내어 맡긴다. 이렇게 될 때 비로소 아버지의 뜻이 이루어진다. 곧, 때와 잔이라는 파스카 신비를 통해 우리는 예수님과 친교에 들어선다. 우리는 예수님의 생명을 나누어 받고 그분 생명에 참여한다.

우리가 겪는 고통이 곧 예수님의 수난이다. 이는 분명 고통스럽지만, 부정적인 의미로 누군가에 의해 고통을 겪는다는 것이 아니다. 예수님께서도 이 점을 강조하셨다. 그분께서는 당신의 십자가를 **지시고**, 우리 각자의 십자가를 지라고 촉구하신다. 아무도 그분의 목숨을 **빼앗지** 않으나, 당신 스스로 목숨을 내놓으셨다. 예수님께서는 우리도 당신처럼 그렇게 하기를 원하시며, 그렇게 할 수 있도록 은총을 선사하신다. 우리는 이 지상의 삶에서 그 은총을 받아들이는 만큼 성장해 나간다. 우리는 실천을 통해, 곧 덕의 실천을 통해 성장해 나간다. 하지만 무엇보다도 파스카 성사를 살아 냄으로써 자라난다.

그리스도를 증거하기 위해

비록 피할 수 없는 잔을 받아 모실 수밖에 없더라도 그리스도의 은총과 자비는 우리가 증언하도록 이끌어 준다. 성찬례는 우리의 고통을 희생 제사로 변모시키기 때문이다. 예수님께서는 우리가 고통을 겪을 필요가 없도록 하기 위해 고통을 겪으신 것이 아니다. 이는 단순히 대속의 문제가 아니다. 이는 우리를 대신하여 이루신, 그러면서도 우리 모두가 당신께서 이루신 일에 참여케 하는 신비다. 예수님께서는 우리가 겪는 고통이 구원의 가치를 지닐 수 있도록 고통을 겪고 돌아가셨다. 그분의 수난과 죽음이 없었다면 우리가 겪는 고통은 그러한 구원적 가치를 지니지 못했을 것이다. 우리를 향한 당신의 사랑을 부어 주시기 위해 고난을 겪고 돌아가셨다. 이렇게 하시면서 우리의 고통을 줄여 주거나 아픔에서 구해 내는 것이 아니라, 우리가 겪는 아픔을 거룩한 수난으로, 우리가 당하는 고통을 희생으로 바꾸신다. 그리스도를 통해 우리의 삶이 그분의 거룩한 죽음이라는 절정에 다다르도록 이렇게 행하셨다.

그리스도를 증거하기 위해 대중들 앞에서 처형당할 필요는 없다. 순교자들에게 대중들이 보는 앞에서 맞이하는 죽음은 필수적인 요소가 아니었다. 정말로 필수적인 것은 자신을 내어주는 그들의 성찬례적인 특성이었다.[72] 170년경 우리는 안티오키아의 이냐시오가 로마 콜로세움에서 흘릴 피를 두고 포도주로 여겼으며 짐승에게 뜯길 자신을 땅에 떨어져 죽은 밀 이삭에 비유한 것을 발견한다.[73] 그로부터 몇 년 후, 폴리카르포도 성찬 기도문의 형태로 마지막 기도를 바치는데, 그의 불타는 육신에 의해 살을 태우면서 생기는 악취가 아니라 빵을 굽고 향을 피울 때 나는 냄새와 향기로 가득할 것임을 밝힌다.[74]

극한의 상황에서 순교자들은 성찬례에서 비롯된 단어를 사용했다. 그들은 예수님의 성찬례 행위를 본받아 자기 자신을 바친다. 그러므로 우리는 파스카 만찬 때 예수님께서 바치신 것과 성금요일에 이루어지는 것의 연관성뿐만 아니라, 성찬의 잔에 참여하는 것과 거룩한 죽음에 동참하는 것의 연관성도 알게 된다. 아우구스티노는 이를 다음과 같이 설명했다.

순교자들은 그들이 먹고 마신 것이 무엇인지 알아차리고, 그와 같은 것들 되돌려 드릴 수 있었습니다. …… 제가 진 모든 빚을 갚아 주신 주님께 저는 무엇을 되돌려 드릴 수 있겠습니까? 저는 구원의 잔을 받을 것입니다. 이 잔은 무엇입니까? 쓰지만 구원을 가져다주는 고통의 잔이며, 의사가 먼저 마시지 않고서는 병자는 만지는 것조차 두려워할 잔입니다. 이것이 잔이 지니는 의미입니다. 우리는 예수님께서 "아버지, 하실 수만 있으시면 이 잔이 저를 비켜 가게 해 주십시오." 하신 말씀에서 이 잔이 예수님의 입술에 닿아 있음을 깨닫게 됩니다. 바로 이것이 "구원의 잔을 들고서 주님의 이름을 받들어 부르네." 하고 순교자들이 노래한 잔입니다. …… 이 잔을 받아 모신 이들은 얼마나 복됩니까! 그들은 더 이상 고통을 겪지 않고 영광을 얻게 되었습니다.[75]

순교는 그리스도를 닮는 것이다. 순교는 천국을 고대하게 한다. 예수님께서 공생활에서 보이신 행적은 성부와 성령과 함께하는 영원한 삶을 가시적으로 완벽하게 표현한 것이었다. 그분의 삶은 영원토록 자신을 내어주시는 모습과 같았다. 그분께서는 우리가 이 사실을 알기를 원하셨다. 그리고 우리가 당신과 함께 이를 살아 내기를 바라신다. 이를 살아 낼 때 영원을 살기 때문이다.

그러나 이 삶은 지금 시작되었다. 교회 안에서 우리의 성찬례적 삶은 파스카적이며, 성령이 내려오신 오순절과 같으며, 삼위일체적이다. 그 이유를 바오로 사도에게서 들어보자.

여러분은 사람을 다시 두려움에 빠뜨리는 종살이의 영을 받은 것이 아니라, 여러분을 자녀로 삼도록 해 주시는 영을 받았습니다. 이 성령의 힘으로 우리가 "아빠! 아버지!" 하고 외치는 것입니다. 그리고 이 성령께서 몸소, 우리가 하느님의 자녀임을 우리의 영에게 증언해 주십니다. 자녀이면 상속자이기도 합니다. 우리는 하느님의 상속자입니다. 그리스도와 더불어 공동 상속자인 것입니다. 다만 그리스도와 함께 영광을 누리려면 그분과 함께 고난을 받아야 합니다.(로마 8,15-17)

성령 안에서 우리가 성부를 사랑하듯, 성령 안에서 우리는 성자와 함께 고난을 겪는다. 바오로 사도에 따르면 고통은 선택 사항이 아니다.

다 이루어졌다

구원을 가져다주는 고난은 우리의 위대한 이야기에서 빼놓을 수 없다. 이는 바로 우리가 하느님의 모습을 지니게 된다는 의미다. 성령의 힘에 의해 우리의 고통은 사랑을 정화한다. 우리의 사랑이 우리가 겪는 고통을 살아 있는 희생 제물로 변화시키는 것처럼 말이다. 그리고 이 살아 있는 제물은 하느님께서 우리 삶에서 당신의 방식을 취하시도록 이끈다.

오늘날에도 우리는 구세주의 고난과 그분의 사랑을 동의어로 표현한다. "십자가를 높이 들어 올려라. 그리스도의 사랑을 선포하라." 그러나 우리 구원에서 중요한 것은 그리스도께서 겪으신 고통이 아니라, 예수 그리스도의 사랑이다. 사랑은 그분의 고난을 최후의 만찬 때 제물로 바쳤으며, 그 사랑이 바로 성체성사다. 갈바리아 산에서 벌어진 사건을 단순한 사형 집행이 아니라 희생 제사로 바꾼 것이 바로 성찬례였다.

십자가 위에서 예수님께서는 죽음을 뒤엎으셨다. 우리는 보통 죽음을 생명을 잃는 순간으로 여긴다. 그러나 예수님께서는 이를 생명을 주는 기회로 삼으셨다. 그분께서는 어떠한 것도 잃지 않으셨다. 자유롭고 온전하게 당신의 목숨을 내놓으셨다. 예수님께서는 죽음을 선물과 기도, 희생 제사로 바꾸어 놓으셨다.

예수님께서는 우리에게 어떻게 죽어야 하는지 가르쳐 주셨고, 그렇게 함으로써 어떻게 살 수 있는지 알려 주셨다. 예수님의 모욕과 죽음의 시간은 패배가 아니라 죄와 죽음에 대한 생명과 사랑의 승리였다. 이는 우리가 겪는 모욕과 병고, 슬픔과 절망, 배반과 죽음에 대해서도 마찬가지일 수 있다.

마지막 순간에 예수님께서는 증오와 냉대를 마주하면서도 사랑의 본질을 드러냄으로써 당신 나라의 영광에 들어가셨다. 그분께서는 "내 아버지의 나라에서 너희와 함께 새 포도주를 마실 그날까지,

이제부터 포도나무로 빚은 것을 다시는 마시지 않겠다." 하고 약속하셨다(마태 26,29 참조). 그리고 이 약속을 지키셨다.

그렇다면 예수님께서는 언제 네 번째 잔을 드셨을까? 바로 당신 죽음의 때, 곧 당신 희생 제사가 완결된 순간에 드셨다.

우리는 언제 이 잔을 마실까? 우리 죽음의 때, 곧 삶으로 드러내는 우리의 증언이 완수되는 죽음의 순간일 것이다.

이 책은 나의 회심과 개종에 관한 이야기를 담는다. 예수님을 처음 만났을 때, 나의 회심이 단번에 이루어졌다고 말할 수 있으면 좋겠지만 이는 사실이 아니다. 회심은 단 한 번으로 끝나지 않는다. 회심은 계속되며 더욱 깊어진다. 베드로 사도도, 바오로 사도도 그러했다.

오직 죽음에 이르러서야 우리의 파스카가 이루어진다. 바로 그때 우리도 예수님처럼 참으로 "다 이루어졌다." 하고 말할 수 있으리라.

옮긴이의 말

본당에 있다 보면 학생들에게서 이런 말을 듣습니다. "미사 재미없는데 왜 드려야 해요?" 게다가 코로나 상황을 겪으면서 미사는 언론과 외부인뿐만이 아니라 성당에 다니는 분들에게도 '1시간짜리 종교 집회'로 전락(?)해 버렸습니다. 매일 혹은 주일마다 미사를 드리지만, 그 익숙함으로 인해 미사에 담긴 의미를 간과할 수도 있습니다. 이 점에서 《네 번째 잔의 비밀》은 성경의 관점, 특히 계약의 관점으로 미사를 바라보고, 다시금 미사의 의미를 새롭게 알아보도록 이끌어 줍니다.

저자 스콧 한 박사는 개신교 목사에서 가톨릭으로 개종한 인물입니다. 또한 수많은 저서와 논문을 집필하고 강연을 다니는 저명한 미국 가톨릭 평신도 신학자입니다. 가톨릭을 열렬히 반대한 개신교 목사가 어떻게 해서 가톨릭 신자로 변모했는지, 그 회심의 여정을 저자는 이 책에서 그려 냅니다. 가톨릭 신자들이 드리는 미사가 '신성 모독'임을 증명하기 위해 교부들이 쓴 수많은 문헌을 살피고, 자신의 주장이 옳음을 증명하기 위해 여러 자료를 찾고 탐구합니다. 그리고 마침내 성경의 수많은 내용과 유다인들의 파스카 축제 관습이 미사를 통해 정점에 이르고 완성됨을 발견합니다.

우리말 성경에서는 "다 이루어졌다."(요한 19,30) 하는 구절에서 주어가 나타나지 않기에, 예수님께서 하고자 하셨던 모든 일이 이루어졌다고 생각하기 쉽습니다. 저자도 그렇게 생각했다고 표현합니다. 하지만 자신이 다니던 교회 목사가 던진 질문에 의문을 품고 다 이루어진 것이 '무엇'인지 탐구하기 시작합니다. 최후의 만찬이 있던 파스카 축제 날의 유래에서 시작하여 희생 제사를 가리키는 구약 성경의 예형, 파스카 만찬을 구성하는 음식을 어떻게 마련하는지, 파스카 음식의 의미, 교부들의 해설, 예수님께서 마신 잔을 함께 마신 이들의 증언까지 상세히 다룹니다.

이 과정에서 저자는 십자가의 희생 제사가 하느님께서 이스라엘 민족과 맺으신 계약을 기념하는 파스카 축제 때 마시는 네 번째 잔의 완결임을 밝힙니다. 그리고 예루살렘 2층 방에서 열린 최후의 만찬과 갈바리아 산에서 벌어진 예수님의 죽음이 서로 연결된다는 사실을 깨닫습니다. 그리고 마지막 장에서는 우리에게 도전거리를 던집니다. 우리도 주님과 함께 네 번째 잔을 마실 수 있는지, 자신의 십자가를 지고 갈 수 있는지, 구원을 가져다주는 고통을 감내할 수 있는지 말입니다.

앞서 언급했듯이 매 주일 혹은 평일 미사에 참례하면서도 미사에 담긴 의미를 모르는 경우가 많습니다. 심지어 '고해성사 보기 싫어서' 미사에 참례하기도 합니다. 하지만 가톨릭 교회는 미사의 중요성을 늘 강조합니다. "성찬례는 '그리스도교 생활 전체의 원천이며 정점이다.'"(《가톨릭 교회 교리서》, 1324항) 미사라는 원천에서 다시금 힘을 얻고 싶은 분들에게, 신앙생활의 정점인 주님과 하나되어 지금 여기서 천국을 살아가려고 하는 분들에게 이 책이 좋은 길잡이가 되었으면 합니다. 그리하여 이 책을 통해 성찬례라는 예수님의 파스카 완결이 하느님 계약이 가져다주는 선물이며, 지금 이 순간을 포함한 모든 시대의 사람을 어루만지는 선물임을 깨닫길 간절히 바라봅니다.

미주

1) 여러분이 이 책에서 읽은 사건들은 오래전에 일어났다. 그 당시 내가 읽은 사료에서 내가 할 수 있는 한 최선을 다해 근거를 제시하고자 했다. 그 기억을 떠올릴 수 없을 때는 나에게 더 친숙한 최신 자료에서 발췌했음을 알린다.

2) Hayyim Schauss, *The Jewish Festivals: A Guide to Their History and Observance*(Schocken Books, New York, 1996, reprint).

3) 아담과 맺은 계약에 관해서는 Gordon P. Hugenberger, *Marriage as a Covenant: Biblical Law and Ethics as Developed from Malachi*(Baker Books, Grand Rapids, MI, 1998)와 Scott Hahn, *A Father Who Keeps His Promises: God's Covenant Love in Scripture*(Servant, Ann Arbor, MI, 1998), 37-76 참조.

4) Josephus, *Jewish War* 2.14.3, 6.9.3 참조.

5) Joshua Berman, *The Temple: Its Symbolism and Meaning Then and Now*(Jason Aronson, Northvale, NJ, 1995), 119.

6) *Mishnah Pesachim* 10.5.

7) Raymond Apple, "The Last Supper—A Passover Seder?" *Jerusalem Post*, April 13, 2014; May 27, 2017, JPost.com.

8) Baruch Bokser, *The Origins of the Seder: The Passover Rite and Early Rabbinic Judaism*(University of California Press, Berkeley, 1984), 25-26.

9) A. Jaubert, *The Date of the Last Supper*(Alba House, Staten Island, NY, 1965).

10) Eugen Ruckstuhl, *Chronology of the Last Days of Jesus: A Critical Study*(Desclee, Paris, 1965)와 James C. VanderKam, *From Revelation to Canon*(Brill, Boston, 2000), 81-127 참조.

11) 사람들은 가끔 교회가 왜 화요일 대신 성목요일을 성대하게 지내는지 묻고는 했다. 축제일은 엄밀히 말해 그들이 기념하는 사건의 기념일이 아니다. 그리고 최후의 만찬에서 벌어진 사건이 화요일에 일어났다는 사실은 교회 역사 안 다양한 시간과 장소에서 기억되고 기념되었다.

12) Joachim Jeremias, *The Eucharistic Words of Jesus*, 3rd ed.(SCM Press, London, 1966), 42-61.

13) 베네딕토 16세 교황, 권고 〈사랑의 성사〉, 9항.

14) 〈사랑의 성사〉, 10항.

15) *Mishnah Pesahim* 7.1-2.

16) Saint Justin Martyr, *Dialogue with Trypho*, 40.

17) Ibid.

18) Joseph Tabory, "The Crucifixion of the Paschal Lamb," *Jewish Quarterly Review*, January-April 1996, 406.

19) Melito of Sardis, *Peri Pascha*, in Adalbert Hamman, O.F.M., ed., *The Paschal Mystery: Ancient Liturgies and Patristic Texts*(Alba House, Staten Island, NY, 1969), 29.

20) Eugenio Corsini, *The Apocalypse*(Michael Glazier, Wilmington, DE, 1983), 245.

21) 이 논의에 대해서는 Loren L. Johns, *The Lamb Christology of the Apocalypse of John: An Investigation into Its Origins and Rhetorical Force*(Wipf and Stock, Eugene, OR, 2015), 139 참조.

22) Joseph Tabory, "The Crucifixion of the Paschal Lamb," *Jewish Quarterly Review*, January-April 1996, 404.

23) Adalbert Hamman, O.F.M., ed., *The Paschal Mystery: Ancient Liturgies and Patristic Texts*(Alba House, Staten Island, NY, 1969), 32.

24) Melito of Sardis, *Peri Pascha*; Daniel Guernsey, *Adoration*(Ignatius Press, San Francisco, 1999), 35에서 번역.

25) Philo of Alexandria, *Special Laws* 2.156

26) 예를 들어 Josephus, *Antiquities of the Jews* 17.9.3, 20.5.3와 *Jewish Wars* 2.14.3 참조.

27) Philo, *Special Laws* 2.28.158-160.

28) David Daube, *The New Testament and Rabbinic Judaism*(Hendrickson, Peabody, MA, 1994[London, 1956]), 330-332.

29) See W.L. Lane, *The Gospel According to Mark*(Grand Rapids, MI: Eerdmans, 1974), 508: "예수님께서 멀리하신 잔은 네 번째 잔이었는데, 이 네 번째 잔은 보통 파스카 축제를 마무리 지었다. …… 예수님께서 약속하신 구원의 행위와 관련된 세 번째 잔은 그분 대속의 죽음을 가리키는 데 사용되었다. …… 그분께서 거부하신 잔은 완결의 잔이었다."

30) Raymond E. Brown, *The Death of the Messiah: From Gethsemane to the Grave*(Doubleday, New York, 1994), 2:1007 참조: "18장 11절에서 예수님께서는 당신에게 건네진 잔을 마시면서 당신 아버지께서 주신 잔을 마시고 싶다고 밝히시는데, 그분께서는 수난 사화의 시작점에서 이러한 책무를 완수하신다."

31) Saint Augustine of Hippo, *The Harmony of the Gospels* 3.13.

32) Saint John Chrysostom, *Instruction to Catechumens* 1.1.

33) Saint Ambrose of Milan, *On the Duties of the Clergy* 2.143.

34) Ibid., 2.138.

35) Saint Optatus of Milevis, *Against the Donatists*, appendix 2.

36) Tertullian, *On Modesty* 10.

37) Sozomen, *Ecclesiastical History* 2.23, 2.25; Theodoret, *Ecclesiastical History* 2.6; Athanasius, *Apologia Contra Arianos* 2.60, 1.11 참조.

38) Saint Jerome, *Letters* 114.2.

39) *Didache* 9와 14 참조.

40) Saint Ignatius of Antioch, *Letter to the Smyrnaeans* 7.

41) Saint Ignatius of Antioch, *Letter to the Ephesians* 1.

42) Saint Ignatius of Antioch, *Letter to the Smyrnaeans* 7.

43) Saint Justin Martyr, *First Apology* 66.

44) Saint Ignatius of Antioch, *Letter to the Ephesians* 5, *Letter to the Trallians* 7와 *Letter to the Philadelphians* 4 참조.

45) Saint Justin Martyr, *Dialogue with Trypho* 41.

46) *Martyrdom of Polycarp* 14.2.와 L.Goppelt, in G.Kittel and G.Friedrich, eds., *Theological Dictionary of the New Testament*, vol.6(Eerdmans, Grand Rapids, MI, 1968), 153: "예수님의 잔에 관한 말씀을 근거로, 초기 교회 문헌에서 '잔'은 순교의 상징이 되었다."

47) Saint Cyprian of Carthage, *Letters* 15.2.

48) Ibid., 53.2.

49) Saint Cyprian of Carthage, *Letters* 55.1.

50) Tertullian, *Scorpiace* 12.

51) Saint Augustine of Hippo, *Exposition on the Psalms* 103.3.

52) 2003년 요한 바오로 2세 교황은 회칙 〈교회는 성체성사로 산다〉 12항에서 이 문제를 다룬다: "미사는 십자가의 희생 제사를 재현하며, 그 희생 제사에 다른 것을 덧붙이지도, 그것을 늘리지도 않습니다. 되풀이되는 것은 그 제사를 기념하는 의식, 곧 '기념의 표명 memorialis demonstratio'이며, 이로써 그리스도의 하나이며 결정적인 구원의 희생 제사가 시간이 흘러도 언제나 현존하게 됩니다. 따라서 성찬 신비의 희생 제사적 성격을 십자가와 별개인 독립된 것으로 여기거나 아니면 해골산의 희생 제사를 단지 간접적으로 가리키는 것으로 이해해서는 안 됩니다."

53) 《볼티모어 교리서》 본문은 다양한 인터넷 사이트에서 찾을 수 있다.

54) *Mishnah Pesachim* 10.6

55) *Mishnah Pesachim* 10.7

56) Pope Saint John Paul II, *Angelus*, November 30, 1986.

57) Dennis E. Smith, *From Symposium to Eucharist: The Banquet in the Early Christian World*(Fortress Press, Minneapolis, 2003), 32

58) *Mishnah Pesachim* 10.2-7.

59) Saint Justin Martyr, *First Apology* 65

60) Saint Irenaeus of Lyons, *Against Heresies* 5.2.3.

61) Saint Irenaeus of Lyons, *Against Heresies* 4.33.2.

62) Saint Cyprian of Carthage, *Letter to Caecilius* 2. 이 편지는 그 판본에 따라 62장 혹은 63장으로 구성된다.

63) Ibid. 알렉산드리아의 클레멘스도 행위에 관한 우의적 해석을 제시했다; *The Instructor* 2.2 참조.

64) Saint Ambrose of Milan, *On the Sacraments* 5.1.4.

65) Edward J. Kilmartin, S.J., *The Eucharist in the Primitive Church*(Prentice-Hall, Englewood, NJ, 1965), 46-47

66) Robert J. Daly, *Christian Sacrifice*(Catholic University of America Press, Washington, DC, 1978), 224.

67) Cheslyn Jones et al., *The Study of Liturgy*, rev. ed.(SPCK, London, 1978), 11.

68) Saint Augustine of Hippo, *Exposition on the Psalms* 103.3.

69) Saint Augustine of Hippo, *Sermons on the New Testament* 10.2.

70) Philo of Alexandria, *Questions on the Exodus* 1.11-17.

71) Benedict XVI, Treviso, Italy, July 24, 2007; Zenit.org, June 16, 2017.

72) Saint Ignatius of Antioch, *Letter to the Romans* 4.

73) Saint Ignatius of Antioch, *Letter to the Romans* 4.

74) *Martyrdom of Polycarp* 14-15.

75) Saint Augustine of Hippo, *Sermons* 329.1-2.

참고 문헌

- Berman, Joshua. *The Temple: Its Symbolism and Meaning Then and Now.* Jason Aronson, Northvale, NJ, 1995.

- Bokser, Baruch. *The Origins of the Seder: The Passover Rite and Early Rabbinic Judaism.* University of California Press, Berkeley, 1984.

- Bouyer, Louis. *Eucharist: Theology and Spirituality of the Eucharistic Prayer.* University of Notre Dame Press, Notre Dame, IN, 1968.

- Bouyer, Louis. *The Paschal Mystery.* Allen & Unwin, London, 1951.

- Brown, Raymond E. *The Death of the Messiah: From Gethsemane to the Grave.* Doubleday, New York, 1994.

- Cantalamessa, Raniero, O.F.M. Cap. *Easter in the Early Church.* Liturgical Press, Collegeville, MN, 1993.

- Corsini, Eugenio. *The Apocalypse.* Michael Glazier, Wilmington, DE, 1983.

- Cullmann, Oscar. *Early Christian Worship.* SCM Press, London, 1956.

- Cullmann, Oscar, and F. J. Leenhardt. *Essays on the Lord's Supper*. Lutterworth Press, London, 1958.

- Daly, Robert J., S.J. *Christian Sacrifice: The Judaeo-Christian Background Before Origen*. Catholic University of America Press, Washington, DC, 1978.

- Danielou, Jean, S.J. *The Bible and the Liturgy*. University of Notre Dame Press, Notre Dame, IN, 1956.

- Danielou, Jean, S.J. *From Shadows to Reality: Studies in the Typology of the Fathers*. Burns & Oates, London, 1960.

- Danielou, Jean, S.J. *The Theology of Jewish Christianity*. Regnery, Chicago, 1964.

- Daube, David. *The New Testament and Rabbinic Judaism*. London, 1956. Reprint, Hendrickson, Peabody, MA, 1994.

- Davila, James R. *Liturgical Works*. Eerdmans Commentaries on the Dead Sea Scrolls, vol. 6, Eerdmans, Grand Rapids, MI, 2000.

- de la Taille, Maurice. *The Mystery of Faith*, 2 vols. Sheed & Ward, New York, 1950.

- Feeley-Harnick, Gillian. *The Lord's Table: The Meaning of Food in Early Judaism and Christianity*. Smithsonian Institution Press, Washington, DC, 1982.

- Hahn, Scott. *Consuming the Word: The New Testament and the Eucharist in the Early Church*. Image, New York, 2013.

- Hahn, Scott. *A Father Who Keeps His Promises: God's Covenant Love in Scripture*. Servant, Ann Arbor, MI, 1998.

- Hahn, Scott. *The Lamb's Supper: The Mass as Heaven on Earth*. Doubleday, New York, 1999.

- Hahn, Scott. *Letter and Spirit: From Written Text to Living Word in the Liturgy*. Doubleday, New York, 2005.

- Hahn, Scott, and Kimberly Hahn. *Rome Sweet Home*. Ignatius Press, San Francisco, 1993.

- Hamman, Adalbert, O.F.M., ed. *The Paschal Mystery: Ancient Liturgies and Patristic Texts*. Alba House, Staten Island, NY, 1969.

- Hugenberger, Gordon P. *Marriage as a Covenant: Biblical Law and Ethics as Developed from Malachi*. Baker Books, Grand Rapids, MI, 1998.

- Jeremias, Joachim. *The Eucharistic Words of Jesus*, 3rd ed. SCM Press, London, 1966.

- Johns, Loren L. *The Lamb Christology of the Apocalypse of John: An Investigation into Its Origins and Rhetorical Force*. Wipf and Stock, Eugene, OR, 2015.

- Jones, Cheslyn, Geoffrey Wainwright, Edward Yarnold, S.J., and Paul Bradshaw, eds. *The Study of Liturgy*, rev. ed. SPCK, London, 1978.

- Jungmann, Josef A., S.J. *The Early Liturgy: To the Time of Gregory the Great*. University of Notre Dame Press, Notre Dame, IN, 1959.

- Jungmann, Josef A., S.J. *The Eucharistic Prayer*. Fides, Notre Dame, IN, 1964.

- Jungmann, Josef A., S.J. *The Mass of the Roman Rite: Its Origins and Development*. 2 vols. Christian Classics, Allen, TX, 1986.

- Jungmann, Josef A., S.J. *The Place of Christ in Liturgical Prayer*. Geoffrey Chapman, London, 1965.

- Kilmartin, Edward J., S.J. *The Eucharist in the Primitive Church*. Prentice-Hall, Englewood, NJ, 1965.

- Kline, Meredith G. *By Oath Consigned: A Reinterpretation of the Covenant Signs of Circumcision and Baptism*. Eerdmans, Grand Rapids, MI, 1968.

- Koenig, John. *The Feast of the World's Redemption: Eucharistic Origins and Mission*. Trinity Press International, Harrisburg, PA, 2000.

- Lane, W.L. *The Gospel According to Mark*. Eerdmans, Grand Rapids, MI, 1974.

- LaPorte, Jean. *The Celebration of the Eucharist: The Origin of the Rite and the Development of Its Interpretation*. Pueblo Books, Collegeville, MN, 1999.

- LaPorte, Jean. *Eucharistia in Philo*. Edwin Mellen, New York, 1983.

- Mazza, Enrico. *The Origins of the Eucharistic Prayer*. Pueblo Books, Collegeville, MN, 1995.

- Pitre, Brant. *Jesus and the Jewish Roots of the Eucharist: Unlocking the Secrets of the Last Supper*. Doubleday, New York, 2011.

- Pitre, Brant. *Jesus and the Last Supper*. Eerdmans, Grand Rapids, MI, 2015.

- Ratzinger, Joseph Cardinal. *Feast of Faith*. Ignatius Press, San Francisco, 1986.

- Pitre, Brant. *The Spirit of the Liturgy*. Ignatius Press, San Francisco, 2000.

- Sanders, E. P. Judaism: *Practice and Belief 63 BCE–66 CE*. SCM Press, London, 1992.

- Sarna, Nahum. *Exploring Exodus: The Heritage of Biblical Israel*. Schocken Books, New York, 1986.

- Schauss, Hayyim. *The Jewish Festivals: A Guide to Their History and Observance*. Schocken Books, New York, 1996, reprint.

- Skarsaune, Oskar. *In the Shadow of the Temple: Jewish Influences on Early Christianity*. InterVarsity Press, Downers Grove, IL, 2002.

- Smith, Dennis E. *From Symposium to Eucharist: The Banquet in the Early Christian World*. Fortress Press, Minneapolis, 2003.

- Tabory, Joseph. "The Crucifixion of the Paschal Lamb." *Jewish Quarterly Review*, January–April 1996.

- Thurian, Max. *The Eucharistic Memorial*. John Knox Press, Richmond, VA, 1962.

- Trocmé, Etienne. *The Passion as Liturgy*. SCM Press, London, 1983.

- VanderKam, James C. *From Revelation to Canon*. Brill, Boston, 2000.

- Vaux, Roland de, O.P. *Ancient Israel: Its Life and Institutions*. McGraw-Hill, New York, 1965.

- Wuerl, Donald. *To the Martyrs*. Emmaus Road, Steubenville, OH, 2015.

- Zeitlin, Solomon. "Jesus and the Last Supper." In *The Passover Haggadah*. Edited by Nahum N. Glatzer. Schocken Books, New York, 1989.